Franz Söhns

Die Parias unserer Sprache

Eine Sammlung von Volksausdrücken

Franz Söhns

Die Parias unserer Sprache
Eine Sammlung von Volksausdrücken

ISBN/EAN: 9783743389267

Hergestellt in Europa, USA, Kanada, Australien, Japan

Cover: Foto ©ninafisch / pixelio.de

Manufactured and distributed by brebook publishing software (www.brebook.com)

Franz Söhns

Die Parias unserer Sprache

Die

Parias unserer Sprache.

Eine Sammlung von Volksausdrücken

von

Dr. Franz Söhns,
ordentlichem Lehrer am Realprogymnasium zu Gandersheim.

Heilbronn a./N.
Verlag von Gebr. Henninger.
1888.

Seinen unvergeßlichen Eltern

der dankbare Sohn.

Seinen unvergeßlichen Eltern

der dankbare Sohn.

Vorrede.

„Eine Vorrede sollte nichts enthalten als die Geschichte des Buches", sagt Lessing. Nun, die des vorliegenden ist sehr kurz. Der Verfasser hat von jeher besonders Volksausdrücken offenes Ohr geliehen, die meist nicht in die Schrift- und Litteratursprache, selten auch nur in die Wörterbücher gedrungen sind, dabei aber doch selbst von Gebildeten in der Umgangssprache gelegentlich nicht verschmäht werden*). Freilich — sie werden überall geringschätzig behandelt und den feineren Worten der Schriftsprache nirgends für gleichberechtigt gehalten, sie stehen eben auf tieferer gesellschaftlicher Stufe, und daher nannte sie der Verfasser Parias. Aber diese Parias haben zum Teil sehr anziehende Gestalt, tragen scharf ausgeprägte Züge hoher Vergangenheit und sind nicht selten wie ihre indischen Namensbrüder ureingeborene Gesellen, und daher hält der Verfasser sie einer Sammlung und eingehenden Betrachtung wohl wert. Er hat sie bisher in einzelnen Abhandlungen in den Montagsblättern der Magdeburger Zeitung

---

*) Daraus ergiebt sich zugleich eine zweifache natürliche Beschränkung des Stoffes. Einmal sind Worte nicht aufgenommen, die nicht thatsächlich in einem größeren Teile des Volkes gang und gäbe sind, die nur ein vereinzeltes, und daher wenig allgemein anziehendes Dasein haben, ferner aber auch solche nicht, deren Erörterung die Grenzen der Schicklichkeit allzusehr überschreiten würde.

veröffentlicht und hat dabei vielseitigen Beifall und reiche Unterstützung gefunden. In Folge dieser Unterstützung war es ihm möglich, die ursprünglich nur auf ein paar Fortsetzungen berechneten Abhandlungen in von ihm selbst ungeahnter Weise auszudehnen. Da er nun einstweilen zu einem gewissen Abschluß gelangt ist, entschloß er sich, einem vielfach an ihn ergangenen Wunsche nach Zusammenfassung aller Einzelaufsätze nachzukommen, und dieser Entschluß hat vorliegendes Buch gezeitigt. Dabei ist die Form der Einzelabhandlungen, so weit es ging, gewahrt, sie stößt bei denen, die sich sprachliche Abhandlungen lediglich im trockenen Tone des Wörterbuches zu denken vermögen, unfehlbar auf heftigen Widerstand, auch dann noch, wenn der Verfasser zur Begründung dieser seiner Einkleidung des Ganzen die Ansicht vertritt, daß einmal seine Volkslieblinge, wenn sie von jedem Gebildeten — denn nicht nur für Sprachforscher sind sie gesammelt — recht verstanden werden sollen, in der Umgebung ihm vor Augen treten müssen, in welcher sie im buntbewegten Leben draußen auftreten, daß aber ferner die Darstellung durch ihr volkstümliches Gepräge lebendiger und — man gestatte uns hier das Wort — anziehender wird. Wenn Jemand irgend ein Wort unserer anerkannt guten Wörterbücher, sei es Grimms, Sanders', Weigands oder Anderer, nachschlägt, so sieht er das Gefundene an, schlägt dann das Buch zu und schaut es vielleicht viele Wochen lang nicht wieder an. Eine große Fülle des wertvollsten Inhaltes jener Bücher lernt er auf diese Weise — wenn der Zufall ihm nicht günstig ist — überhaupt nicht kennen. Im Gegensatz dazu könnte es sich ereignen, daß er beim Nachschlagen irgend eines unserer Parias die Umgebung und Einkleidung derselben anziehend genug findet, um die ganze Abhandlung, in welcher er erscheint, von Anfang bis zum Ende zu lesen, ja vielleicht, dadurch angeregt, auch zur Lesung der übrigen Abhandlungen zu schreiten. So würde er vielleicht größeren Genuß, gewiß größeren Vorteil haben.

Dies zur Begründung der gewählten volkstümlichen Form; sie ist eigentlich für diejenigen nicht nötig, welche mit uns der Ansicht sind, daß Volkstümliches auch in volkstümlicher Weise dargestellt werden muß. Daß der Verfasser bei Darstellung seiner Parias Fremdwörter möglichst gemieden, wird ihm in der Gegenwart weniger verübelt werden, als die Thatsache, daß seine volkstümlichen Gesellen zumeist nur eine mittel- und norddeutsche Heimat aufzuweisen vermögen. Indessen 'non omnia possumus omnes', dem Verfasser würde es zu hoher Freude gereichen, wenn von kundiger Hand nunmehr auch die ihm zum größten Teile unbekannten süddeutschen Volksausdrücke gesammelt würden und somit die notwendige Ergänzung zu diesem Buche geschaffen würde. Natürlich ist das vorliegende Buch durchaus nicht als völlig abgeschlossen zu betrachten, es werden noch manche der landläufigen Parias darin vermißt werden, und der Verfasser würde Jedem sehr dankbar sein, der ihm etwa fehlende mitteilen würde, ebenso dankbar, wie er allen denen ist, die bisher mit beinahe liebevoller Bereitwilligkeit ihm ihre Sammlungen (darunter befanden sich leider keine Süddeutschen) zukommen ließen. Endlich ist es natürlich, daß bei Ableitungen und Wortbeutungen, die, wie häufig in diesem Buche, lediglich auf eigenen Forschungen und Vermutungen beruhen, Irrtümer nicht ausgeschlossen sind, und der Verfasser wird auch hier Jedem dankbar sein, dessen berufene Feder ihm irgendwelche begründete Besserungsvorschläge machen könnte. So wandere denn auch dieses Büchlein, das lediglich die Liebe zu unserem Deutschtum erzeugt hat, in die sogenannte „Welt", und wenn es darin ein wenig dazu beitragen sollte, in weiteren Kreisen Teilnahme für unsere ausgestoßenen Volksworte — doch immer Glieder unseres Sprachkörpers und Fleisch von unserem Fleisch — zu wecken, wird ein inniger Wunsch des Verfassers erfüllt sein.

Gandersheim, im Dezember 1887.

Abkürzungen:

ab. = altdeutsch.
ahd. = althochdeutsch.
mhd. = mittelhochdeutsch.
md. = mitteldeutsch.
nd. = niederdeutsch.
ndl. = niederländisch.
nhd. = neuhochdeutsch.
af. = altsächsisch.
agf. = angelsächsisch.
goth. = gothisch.
an. = altnordisch.

sanstr. = sanskrit.
hebr. = hebräisch.
holl. = holländisch.
frz. = französisch.
afrz. = altfranzösisch.
lat. = lateinisch.
mlat. = mittellateinisch.
engl. = englisch.
ital. = italienisch.
schweb. = schwedisch.
dän. = dänisch.

Berichtigung.

Seite 110 Zeile 22 u. 23 v. o. lies statt: Bei Anastasius Grün (Ant. Alex. Graf v. Auersperg) Bei dem Württemberger Ludwig Uhland.

Wer kennt sie nicht, diese Parias, die keine Aufnahme in die Schriftsprache bisher gefunden haben und wohl auch nie finden werden, die das Wörterbuch zumeist geringschätzig von der Hand weist, und die doch das Volk nicht selten mit einer wahren Inbrunst Jahrhunderte hindurch am Leben erhalten bis heute, die es viel besser kennt, als die stolzen Worte der Schrift, ja die selbst der sogenannte Gebildete im Umgange nicht immer völlig vermeiden kann?

Ist nicht einem dieser Volkslieblinge in unseren Tagen sogar die seltene Ehre zu teil geworden, vor den Schranken des Gerichts, „im Saale wiederhallen" zu dürfen? Bekanntlich hat der hohe Gerichtshof der deutschen Kaiserstadt sich dafür entschieden, daß der beliebte Berliner Ausdruck Fatzke keine Beleidigung sei. Ob die unfehlbare Jury bei ihrer für den Fatzke sehr schmeichelhaften Erklärung auf die ableitlichen Verhältnisse des Wortes des Näheren eingegangen, ist uns nicht bekannt. Das Grundverbum freilich bezeichnet nichts weniger als eine Beleidigung. Fatzen bedeutet im Mittelalter zunächst nur foppen und Scherz treiben. Als Hans Sachs einmal über die im Nordwesten der Stadt Nürnberg gelegene Hallerwiese geht und ihm daselbst einer seiner früheren Gesellen begegnet, der sich seit kurzer Zeit in der Ehe Joch begeben und die drückenden Spuren desselben in unverkennbarer Deutlichkeit zur Schau trägt, da fühlt sich der Meister bewogen, ihm die gewiß berechtigte Frage vorzulegen, ob er etwa „unbtern katzen" gewesen. Der Arme aber entgegnet mit weinerlicher Stimme:

> du darfft [1]) mich nit sehr fatzen,
> die katzen haben mein nit gefelt, [2])
> mein fraw die hat mir also gestrelt. [3])

Traurig, — aber wahr, und wichtig, weil aus dieser Stelle die Bedeutung des Wortes als foppen sich klar genug ergiebt. Bereits viel weniger harmlos ist der Sinn, welchen Hans Sachs in das von fatzen abgeleitete Hauptwort der fatzer, fatzmann oder fatzkerl legt. Dieser Fatzer ist ein öffentlicher Possenreißer von äußerst mißlichem Rufe. Er ergötzt zwar das Volk, es rennt ihm auf Schritt und Tritt nach und hört ihn überaus gern, seine Witze aber sind nicht immer wohlanständig und sein Lebenswandel ist derartig, daß er nach seinem „Zauntobe" zweifelsohne den Qualen der Hölle verfallen wird, und daß man daselbst

> püffet sein har mit schwebbel, hartz und teuffelsdreck,
> das im get haut und har hinwec.

Und auch das Urbild eines solchen mittelalterlichen Fatzke führt uns der Nürnberger Meister in einer seiner Dichtungen vor, es ist kein anderer als Till Eulenspiegel selbst, den er in der Disputation des fahrenden Lieblings des derben Volkswitzes mit einem Bischof also benennt. Die spätere Zeit hat nun das Wort auf Männer übertragen, die ihre Körperkraft auf den Markt brachten und, wie es heute noch geschieht, durch allerlei Ring- und Kraftstücke ihren Lebensunterhalt sich beschafften, und da ist denn der Fatzenkerl heute oft nur ein kräftiger, körperlich starker Mensch, der Fatzke des Berliners aber, der allmählich nun weit über das Weichbild der Spreestadt hinausgedrungen, hat noch immer viel von dem geringschätzigen Sinne behalten, den der fatzmann des Mittelalters enthält und den, wie es scheint, die hohe Gerichtsbarkeit vielleicht doch ein wenig zu mild beurteilt haben dürfte.

---

1) brauchst.
2) zu Fall gebracht, gefällt.
3) gekämmt im üblen Sinne = also mitgespielt.

Die Fatzken des Mittelalters treten, wie der Sachse sagen würde, in der Regel ōlitz'g auf. Dieses sehr alte Wort erscheint in derselben Bedeutung, die es noch heute in Sachsen hat, bereits in Otfrieds „Christ" (9. Jahrh.). Als der Jungfrau Maria vom Himmelsboten verkündet wird, daß sie dazu ausersehen sei, Mutter des Herrn der Welt zu werden, entgegnet sie:

Wio mag iz io werden wàr, thaz ih werde suangar?
Mih io gomman nihein in min muat nibirein
Habên ih gemeinit, in muate bicleibit,
Thaz ih einluzzo mina worolt nuzzo.[1])

Sie will also einlützig bleiben, das heißt unvermählt, caelebs, wie die Glossen das Wort lateinisch wiedergeben. Wenn man übrigens das Wort ableitlich mit dem ab. hliozan (erlosen, durch Loswerfen erlangen) zusammenbringt, so will es in seiner ursprünglichsten Bedeutung naturgemäß ein menschliches Wesen bezeichnen, dem vom Schicksale das herbe Los des Alleinstehens im Leben zuteil geworden ist. Welch ein tiefer Sinn in dem heute für die Schriftsprache toten Worte! —

Wenn der Fatzmann des 16. Jahrh. dem Volke nicht genug des erwarteten Vergnügens bereitete, brauchte er für Hundsloten nicht zu sorgen. Bekanntlich giebt es deren auch heute noch, und die unteren Schichten der menschlichen Gesellschaft verfügen nicht selten über eine wahrhaft erstaunliche Mannigfaltigkeit derselben. Des Wortes erster Bestandteil ist natürlich der Hund, der bereits im grauen Altertum besonders gern als Schimpfwort verwandt wurde. Hund schimpfte seine Mitmenschen bereits ebenso der ideale Grieche

---

1) Wie mag es je wahr werden, daß ich schwanger werde?
Mich kein Mann je in meinem Herzen berührte.
Habe ich beschlossen, im Herzen bestätigt,
Daß ich alleinstehend meiner Welt nütze.
(Piper'sche Zeilenübersetzung.)

(kýōn), wie der materiellere Römer (canis), der zudem im lusus talorum, dem Würfelspiel, den schlechtesten, niedrigsten Wurf bezeichnend genug den Hundswurf nannte, das Hundetragen[1]) galt unseren Altvorderen als äußerst entehrende Strafe: was Wunder, daß le chien, il cane und the hound auch den modernen Völkern noch in ähnlichem Sinne gang und gäbe sind! In Wortbildungen aber, denen der Hund zu Grunde liegt, sind wir allen anderen Nationen „über". Man denke an den so beliebten Schweinehund, alias Sauhund, an den im höchsten Grade anstößigen Hundsfot (vulva canina) und endlich wieder an unsere ähnlich klingende Hundslote. Über den zweiten Bestandteil des Wortes könnte man im Zweifel sein, man könnte ihn einmal in dem ab. diu slote suchen, welche, wie in dem thüringischen Ortsnamen Schlotheim, Schlamm, Kot bedeutet, den Sinn des Wortes also zu Hundekot gestaltet, ferner aber in dem mit slote gleichaltrigen lode, das in seiner Bedeutung Fetzen, Zotte, dem Worte etwa die Bedeutung Hundsfell verschaffen würde. Wenn wir geneigt sind, dieser letzten Ableitung den Vorzug zu geben, so veranlaßt uns dazu zunächst der in diesem Falle rein erscheinende Genitiv hunds und ferner die bekannte Thatsache, daß die Übersendung eines Hundes oder auch bloß eines hundslodes, des Hundefells (volkstümliche Abfertigung noch heute: „ein alter Hund!")[2]) allgemein als eine Beleidigung angesehen wurde. Wer denkt nicht an jene Sage, nach welcher der erste König aus dem Sachsenstamme den nach Ablauf des neunten und letzten Waffenstill-

---

1) Vgl. J. Grimm: deutsche Rechtsaltertümer. III. Ausg. S. 715. Diesem Gebrauche entstammt auch die Redensart: Hunde führen bis Bautzen. So war es eine Erschwerung der Strafe, wenn Hunde dem armen Sünder am Galgen zur Seite hingen, und bis ins 15. Jahrh. wurden verbrecherische Juden wirklich zwischen Hunden aufgehängt, so 1462 ein Jude zu Halle wegen Diebereī inter duos canes, capite transverso (mit nach unten gekehrtem Haupte).

2) Ebenso das ablehnende nd. Hundebuttchen (gespr. Hunneb.) verderbt aus vutken.

ſtandsjahres ihren Tribut fordernden Ungarn einen fetten Hund vorgeworfen haben ſoll? Jemandem Hundsloben (ſo die richtige Schreibart) geben, würde demnach in urſprünglicher Bedeutung nichts anderes heißen, als ihm das Fell des durchgehends zur Beſchimpfung gebrauchten Hundes vorwerfen, ihn alſo auf das Empfindlichſte an ſeiner Ehre ſchädigen. Die Handlung ſelbſt wich nun zwar allmählich geſitteteren Formen des Umgangs, wie ſie die fortſchreitende Kultur des Menſchengeſchlechtes mit ſich brachte, die Redensart aber blieb und bezeichnet noch heute beleidigende Grobheiten, mit denen niedere Schichten des Volkes ſo gern ihre Standesgenoſſen erfreuen.

Um aber wieder auf unſeren liebenswürdigen Sachſen zurückzukommen, ſo dürfen wir eines beſonders in der Dresdener Gegend äußerſt beliebten Volksausdruckes nicht vergeſſen, der unſeres Wiſſens in keinem der übrigen deutſchen Länder ſich findet. Eine Familie lebt in Saus und Braus, es wird gut gegeſſen und noch beſſer getrunken, immer „aus dem Vollen" gewirtſchaftet, ſie empfängt zahlreichen Beſuch, man ſingt, tanzt, ſchmauſt in ausgelaſſenſter Laune: kurz, es geht zu „wie auf Matzens Hochz't" (Hochzeit). Was iſt das? Sollte dieſer Matz der landläufig verſtümmelte Namensbruder des altehrwürdigen Matthäus ſein? Weit gefehlt! Er gehört überhaupt nicht einem männlichen Weſen zu, er bezeichnet ein Mitglied der beſſeren und ſchöneren Hälfte der Menſchheit. Man denke! Im 15. Jahrh. erſchien in Süddeutſchland (wahrſcheinlich in Baiern) ein ſehr umfangreiches Gedicht von Heinrich Wittenweiler, genannt der Ring [1]), deſſen Handlung in der Vermählung Mätzlis oder der Matz (Verſtümmelung von Mechthild, wie der niedere Ausdruck Metze) mit Pertſchin (Berthold) Triefnas gipfelt. Der Verfaſſer iſt ein „vielſeitig unterrichteter Mann des Bürgerſtandes, der auf den rohen, ſich überhebenden Bauernſtand mit unerſchöpflicher Satire

---

[1]) Herausgeg. von Ludwig Bechſtein als 23. Publication des litterar. Vereins in Stuttgart. 1851.

und Jronie herabfährt", ganz ebenso wie die Fastnachtsspiele jener Zeit verfahren. Bei dieser Hochzeit geht es nun ausgelassen, ja roh genug her, in den derbsten Ausdrücken erzählt uns der Dichter von den Freuden der Tafel, der geselligen Unterhaltung und endlich von der kräftigen, bei Bauernfesten, wie er meint, unvermeidlichen, banigen [1]) Schlußprügelei, bei der „die chruog die warend all zerschlagen", und bei der selbst der Spielmann auf die Aufforderung der Gäste: pfeiff auf, lieber Gunterfay! die klägliche Erklärung abgeben muß:

<blockquote>
ich mag nicht mê, —
wisst, mir tuet der schedel wé.
</blockquote>

Indessen thut das nichts:

<blockquote>
daz schaffet alz die minn, die minn,
daz wir leben ane sinn.
daz schaffet alz daz gold, daz gold,
daz niemant ist dem andern holt.
</blockquote>

Grund genug also zu argem Streit und grausem Faustkampfe. Bezecht und zerschlagen in des Wortes verwegenster Bedeutung sind am Ende der Feier fast alle, und das ist — „Matzen's Hochz't".

Die zur Zeit Bechsteins fast gänzlich vergessene und unbekannte Dichtung ist in den Tagen ihres ersten Erscheinens gewiß mit allgemeinem Wohlgefallen gelesen worden, sie hat dermaßen gefallen, daß das von ihr behandelte Fest in einer Landschaft des deutschen Reiches geradezu sprüchwörtlich werden und sich in dieser Gestalt, freilich in gemilderter Bedeutung, bis heute erhalten konnte.

„Dalli, dalli", würde der Märker, Thüringer und Anhaltiner dem wackeren Spielmann zugerufen haben, wenn anders Matzens Hochz't in unserem civilisirten Jahrhundert

---

1) banig ist niederd. und entstammt dem aj. bano = Mörder, schwed. bane Todesstreich. Man spricht von banigen Schlägen und einem banig starken Menschen.

stattgefunden und er unter den tanzlustigen Gästen derselben sich befunden hätte. Er hätte sich in diesem Ausdrucke eines sehr anziehenden Wortes bedient, dessen Heimat wir nun freilich außerhalb Germaniens zu suchen haben. Wenn der Italiener sein Sprüchwort: sopra l'albero caduto ognuno corre a far legno ¹) kürzer ausdrücken will, so sagt er: ad albero che cadde, dàgli, dàgli. Auch in der Litteratur begegnet das Wort. In Lorenzos be' Medici Mysterienspiel St. Johannes und Paulus (bei dessen Aufführung selbst seine Söhne, darunter auch Giovanni be' Medici, der spätere Leo X., mitwirkten,) fordert die Jungfrau Maria Merkur auf, den Abtrünnling Julian niederzustoßen:

dàgli Mercurio, non abbi compassione ²).

Und dieses dàgli (da gli = auf ihn!) spricht der Italiener dalli und giebt ihm die Bedeutung „los drauf" mit dem darin liegenden Begriffe der Schnelligkeit, den wir heute ausschließlich mit dem Worte zu verbinden pflegen. Wie so manchen anderen transalpinischen Ausdruck danken wir es den Landsknechten des Mittelalters, deren italienisch-deutsches Kauderwälsch schon im 15. Jahrh. vielfach Stoff zu allerlei Spöttereien gab. Welch eine bunte Sprache sie redeten, melden uns z. B. folgende, dem Munde der „frumben Lands-knechte" nachgesprochene Verse:

Per cazzar maninconie,
Sempre Lanze ha flasche in mane,
E per fiver (vivere) liete e sane,
Trinche e bomber tuttevie ³).

---

1) Wenn der Baum gefallen ist, will Jeder holzen.
2) Stoß zu, Merkur! Nicht Mitleid darfst du fühlen.
3) Um die Traurigkeit (Melancholie) zu verjagen,
Hat der Landsknecht immer die Flasche in der Hand.
Und um fröhlich und gesund zu leben,
Zecht und säuft er jederzeit.

Und der Mann, welcher mit diesen Worten die Lands=
knechtssprache seiner Zeit geißelt, ist kein Geringerer als
Matteo Bojardo, der berühmte Verfasser des Orlando inna-
morato, des verliebten Roland.

Wohlanständig genug, um schriftsässig zu sein, ist es
zwar nicht das Wort futsch, aber, freundlicher Leser, das
hindert uns bekanntlich nicht, so recht mit Hochgenuß uns
seiner zu bedienen. Was ist nicht alles futsch — Geld und
Gut, Ehre, der Mensch selbst, wenn er ins Jenseits gewandert,
kurz alles, was eben verloren ist. Die Bedeutung ist klar,
viel klarer als die Ableitung des Wortes. Von den bestehenden
zwei bringt die eine es mit einem Verbum futschen zu=
sammen, das nach Weigand in Thüringen gebräuchlich sein
und ausgleiten bedeuten soll: indessen ist der Verfasser lange
genug in dem angezogenen Lande gewesen, um zu wissen, daß
dieses Wort daselbst lediglich im Sinne von (heimlich=)
lachen verwandt wird. Noch härter aber scheint es uns, das
beliebte Wort gar mit dem viselen des Altdeutschen in ab=
leitliche Beziehung zu bringen, welches so viel ist, als „kleine,
kurze Bewegungen machen" [1]) und in unserem fitscheln
(mit der Gerte fitscheln) und endlich in der volkstümlichen
Redensart „da giebt es gar kein Gefitsche" bis heute sich
erhalten hat. Das alles aber ist etwas ganz anderes als
unser futsch. Daß man noch nicht darauf gekommen ist, das
Wort mit dem in der lingua di sì in ähnlichem, ja gleichem
Sinne so häufig gebrauchten fuggire und sfuggire zusammen=
zustellen! Alcuna cosa mi è fuggita dalla memoria (es ist
mir etwas aus dem Gedächtnis entschwunden), i danari mi
sono sfuggiti (die Gelder sind mir ausgegangen), sfuggiti
danari, sfuggiti cugini (Geld fort, Freunde fort), ist das
nicht die nämliche Aussprache, dieselbe Bedeutung wie die
unseres bliebten Wortes? Und seltsam! Handelte nun der

---

1) Vgl. S. 102.

unter dem Einfluß eines vielleicht ihm selbst unbewußten sprachlichen Feingefühls, der zuerst die Rückverwälschung des Wortes in das heute recht gebräuchliche futschicato vornahm?[1] Das Participium des ital. fuggiacchiare (= davon laufen, flüchtig werden), einer Weiterbildung von fuggire, heißt fuggiacchiato — was kann es Anklingenderes geben als unser futschicato? Aus all' dem ergiebt sich unsere Ansicht, daß wir es in unserem futsch mit einer sehr naheliegenden Verbildung des ital. fuggire zu thun haben, die wir nicht minder, als das erwähnte dalli der Landsknechtssprache des Mittelalters zu danken haben.

„Komm den Frauen zart entgegen", singt der Altmeister deutscher Dichtung, und auch in der Galanterie zeichneten sich die frommen Landsknechte hie und da aus, besonders wenn sie, aus fernen Landen heimgekehrt, die Umgangsformen und Wortbildungen fremder Zunge der besseren Hälfte ihrer Lands= leute gegenüber zur Anwendung brachten. Sie sind gewiß schuldlos an der Thatsache, daß man in unseren Gauen ver= geßliche und gedankenfaule Jungfrauen mit dem so wenig schmeichelhaften Namen Dunzel benennt, sie haben ja blos die in Italien vorgefundene Verkürzung der mittelalterlich= latein. domincella, die donzella[2]), die auch der galante west= liche Nachbar in seiner donzelle besitzt, nach ihrer nordischen Heimat getragen, was trifft es sie, wenn das Volk dem ur= sprünglich durchaus nur in gutem, liebkosendem Sinne ge= brauchten Worte allmählich die böse heutige Bedeutung unter= legte[3]). Selbst in die Schriftsprache des vorigen Jahrhunderts ist das Wort gedrungen. „Sieh doch die Dunzel!" sagt

---

1) Auch ein scherzhafter Superlativ futschicatissimo findet sich hier und da, besonders bei gebildeteren Sprechern.

2) Ähnlich bildete der Franzose aus mademoiselle (= mea domincella) mam' selle.

3) Übrigens giebt es im Italienischen auch einen männlichen Dunzel (il donzello), und man darf wohl den bei uns heute meist männlichen Gebrauch des Wortes damit in Verbindung bringen. Im Mittelalter ist il donzello der Jüngling, welcher noch nicht Ritter (cavaliere) ist.

Vater Walter in Maler Müllers „Schaf=Schur" (1775) zum Töchterlein Guntel, das sich sträubt, sein Lieblingslied erlernen und ihm vorsingen zu wollen: „Weiß' mir im ganzen Gesang= buch ein schöner Lied als dies!" — Ja, die junge, verliebte Dunzel hatte ganz andere Lieder im Köpfchen! Am meisten zeichnet sich übrigens in rücksichtslosem Gebrauche des Wortes der sonst so galante Sachse aus, der davon gar noch ein eigenes Verbum gebildet hat und einer Frauensperson, die etwas durch Unachtsamkeit verloren, oder vergessen hat, etwas ihr Aufge= tragenes auszuführen, schmucklos ins Gesicht sagt, daß sie das Betreffende „verdunzelt" habe.

Eine besonders beliebte Beschäftigung dieser Dunzel ist das maeren mit Anderen ihres Gleichen, das ihr denn auch in einzelnen Gegenden Deutschlands den Namen Märlieb (Märpeter) einträgt. Welch ehrbare Abstammung des Wortes, und wie ist es ohne sein Verschulden so heruntergekommen! Daz maere ist im Mittelhochdeutschen die Erzählung, der Be= richt, wie er bereits in dem Anfange unseres Nibelungenliedes[1]) uns ist in alten maeren wunders vil geseit sich findet, und wie wir ihn noch in der verkleinerten Form als **Märchen** besitzen. Von diesem maere stammt das Verbum maeren, erzählen, plaudern, mit dem erst spätere Zeiten den tadelnden Begriff des Zuvielen und Zwecklosen verbunden haben. Auch ein Adj. dummmaerig giebt es, und wem man mit „albernen" Worten etwas verächtlich zusetzt, den behandelt man nach An= sicht des Sachsen dummmaerig oder dummmirig, wie der Mansfelder meint. Auch das ähnlich klingende mhd. mern (= eintunken, umrühren) kennt das Volk noch, wenn es die Kinder im Drecke oder im Wasser herummären läßt. Diesem letzten Verbum entstammt ferner der letzte Bestandteil unserer **Biermärbe**, deren ahd. merda ein auch in den besten Gesellschaftskreisen gebräuchliches Wort war.

---

1) Das Nibelungenlied selbst wird so genannt, sein letzter Vers heißt: hie hât daz maere ein ende: daz ist der Nibelunge liet.

In ganz ähnlicher Bedeutung braucht der Thüringer sein
gaeren (schweiz. chären) und das Substantiv gar, welches
wir auf das ahd. garawi, mhd. gerwe, gerw, ger [1]), gar =
Zurüstung, Vorbereitung zurückleiten. Indessen braucht dies
gaeren und maeren heute nicht lediglich im zu vielen Reden
zu bestehen, sondern "ausmären!" ruft der Sachse auch dem=
jenigen zu, der, wie der Thüringer in diesem Falle sagt, nicht
"zu Gahde kommen" kann. Nirgends als in Thüringen
haben wir bisher dieses Gahde vernommen, und auch hier
zumeist nur auf dem Lande und "oben auf dem Walde", wo
die Leute noch zäher an den althergebrachten Worten festhalten
als in den neuerungssüchtigeren Städten. Und ein altes Wort
ist es und genau dasselbe, was die ahd. Sprache in ihrem
gahida, gahta hat, und welches im mhd. der Erek Hartmanns
von der Aue als gaehede [2]) kennt:

   als im vor g a e h e d e ûf der vart
   sô vil ze redenne state wart,
   er sprach „frou Ênîte,
   ir habt iuch ze strîte
   ze vaste wider mich gesat [3]).

1) Wenn man nicht etwa an die germ. Wurzel ghar denken
will, die unserem Garn das Dasein gab und somit den Garer (Gaerer)
zu einem Menschen machen würde, der (wie Sommers, des Rudolstädter
Dialektdichters, Garmöchel) den Faden seiner Erzählung endlos hin=
spinnt. Der Mansfelder nennt dieses Geschwätz eine Motterei,
abgel. von ahd. muoton, muoten = (fortwährend) etwas verlangen,
haben wollen, also viele Worte machen um eine Sache.

2) Vgl. mhd. gâhen = eilen, gaehe = eilig und dazu unser
jähe und jählings. Auch das Adv. gaelîchen ist in Anhalt noch viel=
fach als gälgen im Gebrauch. „Lauf doch nicht so gälgen!" ruft man
dem rast= und atemlos Dahineilenden zu. Vgl. jachtern, Jast, Jäche.

3) Als ihm (Erek) nun bei seiner Eile doch einmal die Gelegen=
heit zum Reden sich bot, sprach er: „Frau Enite, Ihr widersetzt Euch
doch allzusehr meinem Willen."

Fast genau in demselben Sinne verwendet der Thüringer noch heute dieses im übrigen dem völligen Absterben nahe Wort. „Er kommt nicht zu Gahde" sagt: Er kommt nicht zur Eile, also nicht recht vom Flecke, weder in wörtlichem, noch in übertragenem Sinne, z. B. in seinem Geschäfte, in welchem er demnach nichts „vor sich zu bringen" imstande ist.

Möglich auch, daß der betreffende Schuldige ein Gämelhans ist, der die wertvolle Zeit vergämelt, ohne sich mit vollem Ernst dem hinzugeben, was doch nach weitverbreiteter Ansicht das Leben süß macht, der Arbeit. Was ist gämeln? In dem Schwankgedicht vom Pfarrer vom Kalenberg (14. Jahrh.) sieht sich der Bruder Studio, der einen besonders schönen und großen Fisch dem Fürsten überreichen will, gezwungen, dem Türhüter zuvor die Hälfte des davonzutragenden Lohnes zu versprechen. Was erbittet er daraufhin von dem hohen Herrn? „Heiß

> zwen starke junge knaben
> her zu mir gen und mich do fahen
> und mich mit stecken seer do schlahen."

Der Fürst ist natürlich höchlichst verwundert über ein so unerwartetes Verlangen, er äußert diese Verwunderung mit den Worten: „du hast einen gemlichen sit" (= Sitte, mhd. der sit) und giebt uns damit die Deutung des Wortes als scherzhaft, lustig und zu Schwänken aufgelegt. Er war also ein „gespaßiger" Herr, dieser Bruder Studio, und blieb seinem Charakter auch treu, als er selbst der „Pfarrer vom Kalenberg" wurde, von dessen nicht immer ganz ziemlichen Schwänken das angeführte Buch handelt, so daß in heller Verwunderung darob seine Bauern mehr als einmal kopfschüttelnd sich äußerten und

> ... sprachen alle zu der frist:
> Ein gemlich man der pfarrer ist.

In diesem gemelich, das dem ab. gaman, gamen = Lust,

Spaß, Spiel¹) entstammt, überwog später immer mehr die Bedeutung des Spielens und der damit verbundenen Zeitvergeudung, wie sie sich der Gämelhans zu schulden kommen läßt, und wie sie ähnlich auch im engl. game begegnet.

Dem Sinne nach verwandt mit dem Worte Gämel ist auch das ähnlich lautende Dämel, das dem Verbum dämeln (oberd. auch dammeln) entstammt, welches niederdeutsch tändeln, neckisches Zeug treiben bedeutet, bei Voß aber auch von einem Menschen gesagt wird, der halb bewußtlos und wie schlaftrunken einherdämelt²). Man sieht, von hier aus bis zu dem heutigen Begriffe des Dämels, als eines dummen (dämlichen)³) Menschen, konnte nur ein kleiner Schritt sein.

Von dämlich wohl zu scheiden ist das im Volke viel gebrauchte dämisch, das im Laufe der Zeit seine ursprüngliche Bedeutung sehr zu seinem Vorteil gewechselt hat. Das Grundwort toum = Dunst, Qualm findet sich rein erhalten in der südd. Bezeichnung täumisch, dessen Bedeutung betäubend, schwindlich, ähnlich auch in Karl Stielers „damisch'n Luder" (= ungeschickter, gedankenloser Tölpel) auftritt: In Norddeutschland hat es mit dem Vocale zugleich den Sinn geändert und ein „bämischer Kerl" ist daselbst ein besonders langer, oder kräftiger, „forscher" (la force die Stärke) Mensch, ein flämischer Kerl.

Dieses flämisch aber hat selbst wieder eine sehr anziehende Entwicklung durchgemacht. Im 12. und 13. Jahrh. war das halb romanische, halb germanische Flandern das Medium französischer und deutscher Kultur und ein Vlaeminc (der

---

1) Daher auch nb. das Gammel = lüderliches Frauenzimmer.
2) Voß, Lyr. Ged. II. 198.
3) Das Volk verbindet beide Worte in beliebter Alliteration und sagt: „Es wird Einem dumm und dämlich dabei." Auch „dumm und bämisch" begegnet nicht selten, besonders in Norddeutschland. Mit diesem dämlich darf natürlich das nb. tämlich nicht verwechselt werden, das in einer Ableitung von as. teman = ziemen, unserem ziemlich entspricht.

heutige Flemming) bedeutete einen in allen ritterlichen Künsten wohlgeschulten und in der hovescheit vor allen anderen gewandten Mann, einen „Kavalier vom Scheitel bis zur Sohle"[1]). Allmählich nun erweiterte das Wort seinen ursprünglich engen nationalen Begriff und dann hieß Vlaeminc jeder „wolgezogene" Ritter und sein höfisches Benehmen ein vlämisches. Allein schon im 13. Jahrh. erfuhr das zuerst nur von den Rittern gebrauchte Wort eine Herabwürdigung und zwar dadurch, daß es von einem hervorragenden Sänger dieses Jahrhunderts auch auf die ritterliches Thun und Treiben nachäffenden Bauern übertragen wurde. Der Bauer jener Tage war allmählich in dem Grade wohlhabend geworden, in welchem der Wohlstand des Ritters langsam gesunken war, und da mit dem Gelde ja auch der Verstand zu wachsen pflegt, begann er nun auch sich bewußt zu werden, daß sein Stand eigentlich die Grundlage aller übrigen sei. Von diesem Selbstbewußtsein durchdrungen, wollte er von nun an auch äußerlich dem Ritter nicht mehr nachstehen, er kleidete sich in Rittergewand und ahmte, so viel und so gut es ging, die hovewîse nach. Sein Benehmen forderte die Satire heraus, und wir haben sie in den Gedichten Nitharts von Riuwental (Neuenthal), dessen Gesänge den Stoff mit Vorliebe dem Bauernleben entnehmen und voll Spottes auf dasselbe herniedersehen. Charakteristisch ist dabei, daß er die ritterlichen Ausdrücke nun auch auf die dörper (ursprüngl. = Dörfler, dann Tölpel geworden) anwendet. So singt er[2]) dem Herbste ein Scheidelied und in den Schmerz, den er bei dem Herannahen des Winters em-

---

1) In weniger gutem Rufe standen die flandrischen Mädchen. Sie galten für recht unbeständig und das Volkslied singt von ihnen:
  Mein Feinslieb ist von Flandern
  Und hat einen wankeln Mut,
  Giebt Einen um den Andern,
  Das thut die Läng nit gut.
2) Haupts Ausg. 54, 37.

pfindet, mifcht fich noch die Trauer um fein verlorenes Lieb, das ihm die dörper, und befonders die beiden sprenzelaere (= Stutzer) Engelwân und Uoze, abspenftig gemacht haben. Beide find ihm in Folge deffen natürlich verhaßt, er überschüttet fie mit der Lauge feines Spottes und hat es hauptfächlich auf Engelwân abgefehen, von dem er meint:

seht an Engelwâne,
wie hôhe er sîn houbet treit (trägt).
Swanne er mit gespannenem swerte bî dem tanze gât,
so ist er niht âne (ohne)
der vlaemischen hovescheit,
dâ sîn vater Batze wênic mit ze schaffen hât.

Daß er aber diefes vlaemisch durchaus mit farkaftifcher Feder gefchrieben, würde uns, wenn wir es an fich nicht wüßten, der folgende prächtige Vergleich fagen:

ich gelîche sîn gephnaete wol einer saten tûben,
diu mit vollem krophe ûf einem kornkasten stât¹).

So wurde die anfänglich nur den beften Rittern ihrer Zeit beigelegte Bezeichnung flämifch fchon im 13. Jahrh., wenn auch zunächft nur im Tone des Spottes, auf tiefere Schichten der Gefellfchaft übertragen. Diefe Kreife aber nahmen es auf, und — wie feltfam! Der Glanz des Ritter tums ift feit Jahrhunderten dahin, er nahm das ehrende Beiwort mit fich: jene Kreife aber haben es in ihrem „flämifchen Kerl", wenn auch lediglich in dem verengten Sinne hervorragender körperlicher Befchaffenheit, bis heute erhalten.

„Gutfchmäckchen macht Bettelfäckchen!" ruft warnend die Mutter ihrem Knaben zu, wenn fie wahrnimmt, daß derfelbe immer nur nach lecteren Biffen trachtet, die Wurft mit Hoch-

---

1) Ich vergleiche feine Aufgeblafenheit einer fatten Taube, die mit vollem Kropfe auf einem Kornkaften fteht. Welch bezeichnendes Bild.

genuß seinen Verdauungsorganen zuführt, das dazugehörige Brot aber mit erhabener Verachtung von sich weist, wenn er mit wunderbarer Zungenfertigkeit es verstanden hat, die Butter bis auf die letzten Spuren ihres Daseins von der Brotoberfläche zu entfernen — kurz, wenn er das ist, was die nordb- und mitteld. Mutter kiesäte¹) nennt. Für die niederd. Heimat des Wortes spricht deutlich genug sein letzter Bestandteil, dessen Grundverbum äten, das goth. itan, af. etan, engl. eat im ahd. nach den Gesetzen der Lautverschiebung ezzan (essen) werden mußte und geworden ist. Selbstverständlich ist der erste Bestandteil das alte Wort kiesen (= wählen, goth. kiusan), welches das Praeteritum in kôs (II pers. küre) bildete und dem wir die Kur und das daraus irrtümlich und erst in neuhochdeutscher Zeit entstandene küren danken, welches letztere denn allmählich das richtigere kiesen völlig verdrängt hat. Wählerisch im Essen ist also der verzogene Liebling, welchen die allzugute Mutter wohl gar durch ihre warnende Hindeutung auf das Sprüchwort vom Bettelsack noch zu bessern denkt. Indessen muß denn der Junge immer auch zum Bettler werden, wenn er durch verkehrte Erziehung ein Bummler geworden ist? Bei weitem nicht! Er hat einen „anschlägigen" Kopf, er versteht es, sich — wenn auch meistens nur für kurze Zeit — Geld in Fülle zu verschaffen. Nur muß man es mit dem Wege, den er zur Gewinnung desselben einschlägt, nicht gar so genau nehmen. Er hat eine ganz besondere Anlage zu allerlei Kartenspielen, — freilich geht er dabei nicht immer ganz redlich zu Werke, allein nur so hausbacken ehrliche Leute wie Lessings Minna werden derartige Übungen der Geschicklichkeit „falsch spielen" oder „betrügen" nennen. „O, was ist die deutsch Sprak für eine plump

---

¹) In der Altmark begegnet auch kiesefrätsch, das natürlich in seinem zweiten Bestandtheile auf das nd. kräftigere fretan (vgl. engl. fret) zurückgeht. Fressen ist Kompositum von essen = goth. fra-itan, ahd. ver-ezzen, nhd. fressen, nd. freten.

Sprak! Corriger la fortune, das nenn' die Deutsch betrügen?" Im vergangenen Jahrh. zogen gar viele Exemplare
der Marlinières in unserem Vaterlande herum, wanderten von
Ort zu Ort und hielten dabei besonders eines der sogenannten
Zufallsspiele für sehr einträglich, das sich auch heute noch in
deutschen und französischen Gauen einer gewissen Beliebtheit
erfreut und gewiß manchem der Leser bekannt ist, ein Spiel,
welches seinen französischen Ursprung schon in seiner Benennung Vingt-un (21) verrät und folgendermaßen gehandhabt
wird. Der Spieler giebt zunächst dem Andern, dann sich selbst
eine Karte, und während er nun die seinige verdeckt läßt,
giebt er dem Mitspieler noch so viel Blätter, als dieser nötig
zu haben meint, um mit der Anzahl der Augen derselben die
Zahl 21 zu erreichen, oder ihr wenigstens möglichst nahe zu
kommen. Erhält der Mitspieler unglücklicherweise mehr als
21, so ist er tot und der Bankhalter hat gewonnen, hat es
der Mitspieler aber für gut befunden, bei irgend einer der 21
nahen Summe der Augen, oder wohl gar auf 21 selbst zu
„passen" [1]), so beginnt nunmehr der Bankhalter seine Karte
aufzuschlagen und versucht dann seinerseits dasselbe Glücksspiel,
das der Andere vor ihm soeben glücklich überstanden hat.
Gewonnen hat schließlich, wer von beiden die höhere Summe
der Augen zählt. Kaum bei irgend einem anderen Spiele
vermag die Geschicklichkeit des Bankhalters so viel, wie in
diesem: er kann durch eine zur rechten Zeit bereit gehaltene
Karte entweder den Spieler zum toten Manne machen, oder
die Augen der eigenen Karte jeder Zeit auf eine höhere Zahl
bringen, als sie aller Vermutung nach der Gegner aufzuweisen hat. Daher denn auch bei so glänzenden Aussichten
die außerordentliche Beliebtheit des Spiels in jener Zeit,
und daher die große Anzahl der im Lande herumziehenden
reisenden Bängtiner, wie das Volk noch heute etwas

---

1) frz. passer. Du sollst Paßmann heißen, sagt der Märker
von Einem, dem er die Erreichung irgend eines Zieles vereiteln will.

verdächtig aussehende Gestalten nennt, die an keinem Dorfe, an keinem Hause vorübergehen, ohne überall auf das mild= thätige Herz der Menschheit zu speculieren. Spieler freilich, gewerbsmäßige Spieler, sind die reisenden Vängtiner unserer Tage zumeist nicht mehr, diese haben sich in neuerer Zeit zumeist nach den größeren Städten des Continents zusammen= gezogen, sondern sie erscheinen in der gänzlich herunterge= kommenen Gestalt von Bettlern und Bummlern. Ein solcher Vängtiner hatte stets gefüllte Taschen, wenn er nicht etwa ein „Einfaltspinse" war, sondern den Rummel gründlich ver= stand. Den Rummel? Auch ihn danken wir unseren west= lichen Nachbarn, deren ronfle er seine Entstehung schuldet. La ronfle ist ein altfranzösisches Spiel, das nach Sachs=Villate dem uns unbekannten „triomphe" ähnlich sein soll. Den Rummel kennen hieß also zunächst jenes Spiel kennen, dann die Vorteile desselben ausnutzen, gleichviel ob in ehrlicher oder unehrlicher Weise, und wurde endlich von dem Spiele auch auf andere Beschäftigungen übertragen. Heutzutage braucht das Volk den Ausdruck fast für jede Art der Thätig= keit, immer aber haftet ein leiser Tadel an seinem Begriffen

Wer den Rummel kennt, wird den zu Rupfenden nicht gleich zum Geldspiel auffordern,- er wird ihn zuvörderst mit unschuldiger Miene locken und ihm, damit man die Zeit schneller hinbringe, ein Spielchen fer Basseltang[1]) vor= schlagen. Pour passer le temps würden Frankreichs Söhne sagen und uns damit die Heimat des Ausdruckes verraten, der besonders im Süden Deutschlands gebräuchlich ist. Wer hat nicht in Hebels alemannischen Gedichten mit besonderem Wohlgefallen das neckische „Herlein" gelesen:

Und woni uffem Schnitz=Stuehl sitz

Für Basseltang, und Liechtspöhn schnitz,

---

[1] In Sachsen ist der Ausdruck sogar adverbiell im Gebr. „Er hat es nur so busseltante gesagt" heißt, er hat es „nur so hin" gesagt, ohne sich etwas dabei zu denken. Und noch drolliger klingt Unkel Bräsigs rückfranzösirtes pour Paster la tante!

Se chunnt a Herzli wohlgimueth,
Und frogt no frei: „hauts Messer guet?"

Item: im Süden unseres Vaterlandes ist der Basseltang, wenigstens in der Mundart, sogar schriftsässig geworden. — Dieses Basseltangspiel geht dann so nach und nach unter den Händen der Spielenden in das vom Vängtiner beabsichtigte Geldspiel über. Nun heißt es aufpassen wie ein Häftelmacher, oder, wie der Oberdeutsche sagt, åfpassen wôi e haftelmacher, wie ein Handwerker, welcher haftel, häftlein (= Stecknadeln) verfertigt, damit das betreffende Schlachtopfer nicht etwa Lunte merkt. Noch im 17. Jahrh. merkte man nicht Lunte, sondern roch sie, wie es der Niederländer in seinem lont riuken noch heute thut: man hielt sich eben begrifflich genauer an die Ableitung des Wortes, welches auf die zum Abfeuern der Kanonen (früher des Gewehrs überhaupt) gebräuchliche Lunte [1]) zurückzuführen ist. Leider kommt es nicht häufig genug vor, daß der Gegner diese Lunte merkt und in Folge dessen Phisemathentchen macht, die nun gar dem spätgriechischen Worte physiomathenta (= was die Natur uns lehrt) ihr wunderbares Dasein danken und durch Fritz Reuters Läuschen und Riemels sogar schriftsässig geworden sind, er läßt sich meist durch die glatten Worte des Vängtiners ködern und wird das Opfer desselben. Um die Aufmerksamkeit des Unglücklichen vom Spiele abzulenken, macht ihm der Gauner so viel Salm vor, daß es schließlich dem Armen ganz blümerant und er widerstandslos die Beute des Anderen wird. Ein Gauner und Salm — welche Zusammenstellung! Salm ist ja ursprünglich nichts anderes als Psalm, dessen erster Buchstabe bereits im Mittelalter eben so häufig abfiel, wie in dem stammgleichen Psalter. Singt doch der Bruder Philipp des 13. Jahrh. in seinem vielgelesenen „Marienleben" von der seligen maget:

---

1) In der älteren Sprache ist Lunte = Lampendocht und stellt sich zu mhd. lünden = brennen, glimmen. Vgl. Kluge: etym. Wtbch.

die profêten und den salter
lernt Marjâ in kleinem alter.

Wie tief mußte der ursprünglich sogar mit dem Strahlenkranze der Heiligkeit umgebene Psalm [1]) sinken, um im Volksmunde die heutige, einer „überflüssigen Schwätzerei" gleiche Bedeutung zu erhalten! Wie aber ist dem Spieler zu Mut, wenn er in Folge dieses Salms **blümerant** geworden ist? Mit bleu mourant bezeichnet der Franzose das sogen. türkische Blau, dessen Farbe bei längerer Betrachtung das Auge unangenehm berührt, es unsicher, verwirrt macht, gerade so verwirrt, wie der Kopf des Betrogenen durch den Salm des Spielgauners geworden ist. Ist ihm das gelungen, so läßt nunmehr der Bösewicht alle seine Kniffe und Betrügereien von Stapel. Ohne einem Hindernis von Seiten seines Opfers zu begegnen, befindet er sich so recht in seinem Esse — à son aise, wie Frankogallias Kinder allenfalls sagen könnten. Sollte dieses Esse wirklich dem franz. Ausdrucke, welcher ungefähr „nach seiner Bequemlichkeit" bedeutet, entnommen sein? Dem stellt Andresen [2]) mit Recht entgegen, daß die Redensart im Deutschen, wenn schon nur mundartlich, abweichend vom franz. auch von Sachen gebraucht wird: dem Bremer ist auch „en ding ganz ût sin esse" und daher muß er „it wedder in sin esse bringen". Und wenn nun auch der Engländer als persons in esse diejenigen anführt, welche noch gegenwärtig leben (sind), so dürfte es sehr nahe liegen, anstatt

---

1) Voß setzt zwar in seiner Idylle „die Leibeigenschaft" noch Salm für Psalm:
Ringsum dufteten die Maien und lieblich röcheln die Frösche
Und die Nachtigall schlägt dazwischen — —
Wie durch den Salm der ganzen Gemeinde die Stimme Lenorens, — indessen ist das lediglich absichtlicher Archaismus des sprachlich gebildeten Dichters, nicht Volksgebrauch.

2) Über deutsche Volksetymologie. Heilbronn, Gebr. Henninger. 1878.

an die franz., diesmal an die lat. Herkunft des Wortes zu
denken. Indessen nach einiger Zeit beginnt dem Verlierenden
denn doch die Sache etwas brenzlich (von brenzen = nach
Brand riechen), sengerich oder auch mulmig zu werden, und
es ist wieder unsere Sache, dieses Gefühl der Mulmigkeit etwas
genauer auf seine Beschaffenheit zu untersuchen. Mulmig
heißt zunächst staubig und schuldet seine Entstehung dem ab.
melm (= Staub, Sand), der heutigen Melmede des Sachsen
und Thüringers, die denn auch ihr moldrig und den Molder
auf dasselbe Grundwort zurückführen müssen [1]). In Anhalt
und der Mark nennt man das Wasser mulmig [2]), wenn es
mit Sandteilchen so durchsetzt ist, daß es schmutzig aussieht,
also seine Klarheit verloren hat. „Die Sache wird mulmig"
will also sagen, sie verliert an Klarheit und Reinheit, beginnt
etwas unsauber, oder, allgemeiner aufgefaßt, überhaupt unschön
zu werden.

Leider ist nun aber der Betrogene, ehe er seinen unheim=
lichen Mitspieler ganz durchschaut, in der Regel schon kaput,
capot [3]), wie der galante Nachbar sagt, dem wir auch dieses
Wort entlehnt haben. Il est capot, sagt man jenseits des
Wasgau von einem Piquetspieler, welcher keinen Stich macht.
Daß diesem kaput das ähnlich klingende hebräische kapores
(kappôreth eigentlich = Sühnopfer, also auch etwas, das dem
Untergange geweiht ist) die Nebenform kaporus verschafft hat,
dürfte schon aus Bürger bekannt sein, in dessen Weibern von
Weinsberg die des hebräischen kundigen Pastores:

    schrein: kyrie eleison

    wir gehn, wir gehn kapores! —

---

    1) Die germ. Wurzel mal auch in unserer Mühle und in zer=
malmen.

    2) Bisweilen wird für mulmig auch lumig gesagt, irrtümlich,
denn dieses bezeichnet in seiner Abl. von glumen vielmehr das
rauschende, brausende Wasser. Die Klangähnlichkeit der Worte mag
die Verwechslung veranlaßt haben.

    3) Davon auch ein nd. Verbum „kapenieren" = „kaput machen".

Bekannter wenigstens, als die Thatsache, daß das Volk sogar ein **Kaputöl** kennt, eine dem Apotheker hier und da begegnende Verstümmelung des molukkanischen Cajaputöls, das gegen Rheumatismus, Lähmungen, Krämpfe, gegen Eingeweidewürmer und noch gegen viele andere schöne Sachen gebraucht wird.

Eine große Anzahl von hier zu behandelnden Worten gehört der aus einer Verquickung hebräischer, altdeutscher und zigeunerischer Elemente hervorgegangenen Gaunersprache des Mittelalters an, dem sogen. Rotwälsch [1]). „Du kleine **Murke**" ruft im Königreich Sachsen die Mutter ihrem weiblichen Lieblinge zu, ohne zu wissen, daß sie dabei ein Wort dieser Gaunersprache anwendet, das zwar zunächst nur „Katze" bedeutet, dann aber, ganz ähnlich wie das Tierchen, in dessen Vertilgung eine rechtschaffene Katze ihren eigentlichen Beruf erblicken soll, die Maus, ein Kosewort [2]) geworden ist, mit dem man die kleinen weiblichen **Krabaten** bezeichnet.

Diese Krabaten können ihrem allgemeinen Begriffe nach natürlich jedem der beiden Geschlechter angehören, wenngleich ihre Stammväter, die Kroaten (Krabaten), nur dem männlichen zugewiesen werden müssen. In dem unglückseligen Kriege Deutschlands, den man den dreißigjährigen nennt, waren diese unter Pappenheim stehenden Krabaten vor allen anderen Kriegern gefürchtet wegen ihrer Grausamkeit und ihrer Gewaltthaten, die sie besonders dem weiblichen Geschlecht gegenüber verübten und als deren Folge die ersten „kleinen Krabaten" der deutschen Lande gelten müssen. Wenn Hans Sachs in seiner „klag zu Gott über die grausam wütterey des grausamen Türgken ob seinen viel kriegen und obsigen" von dem Türken sagt:

---

1) Vgl. des Pfullendorfer Gaunerwörterbuch. 1820.
2) Nd. **Muschen** = Mäuschen.

auch hat er in dem Land zu Bose (= Bosna, Bosnien)
mit krieg vil Christen-blut vergoße,
Krabaten und die windisch Mark [1])
hat oft verheert der Feinde Arck (= Arg),

so ersehen wir daraus, daß auch das Land dieses argen Feindes der Sittlichkeit einst den Namen führte, unter welchem sonst nur die Bewohner deßselben bekannt sind und mit welchem sie das Volkslied in der Schilderung der Besiegung Christians IV. von Dänemark durch Tilly bei Lutter am Barenberge (1626) benennt:

> Du nahmst dir für im Sinne
> Nach Osterode hinauf,
> Duderstadt wollest du gewinnen,
> Ich merkte gar eben auf.
> Das wollt' ich nicht gestatten,
> Du mußt bald abelahn. (= ablassen)
> Da kamen meine Krabaten,
> Ach, wie liefst du davon!

Und wenn nun die zärtliche Mutter unserer Tage ihre Lieblinge im Tone des Scherzes und der Liebkosung kleine Krabaten nennt, ahnt sie wohl, wie wenig ehrbar ursprünglich dieses Scherzwort gewesen? Es thut uns gewiß ande, um mit dem Sachsen dieses in seinen Gauen sich noch heute findende ab. Wort ande = leid zu gebrauchen, die freundliche Auffassung, welche sie von dem Worte hat, etwas trüben zu müssen, allein wir wollen sie dadurch nicht abhalten, sich nach wie vor harmlos deßselben zu bedienen, hat es doch zudem den Tadel der ursprünglichen Bedeutung im Laufe der Zeit völlig verloren.

Eine Wortschöpfung des Rotwälsch haben wir in unserem landläufigen Stromer vor Augen, der seine Entstehung dem

---

1) Der von den Winden (Slovenen) bewohnte Landstrich im südl. Krain.

vom Strome abgeleiteten stromen (d. h. wie der Strom die Kreuz und Quer das Land durchziehen) dankt und von dem schon das 14. Jahrh. deutlich genug meint: strômer dicitur kelsnider: Stromer nennt man einen Kehlabschneider, der, wie der ebenfalls in jener Zeit zum ersten Male auftauchende Schwimmer, mit großer Vorliebe die Häuser friedlicher Menschenkinder „zu nachtschlafender Zeit" und in sehr unebler Absicht heimzusuchen pflegte und noch pflegt. Am Tage erscheinen diese Stromer und Schwimmer häufig als Pracher[1]), als Unterstützung begehrende Bettler und sind in dieser ebenfalls rotwälschen Benennung auf das lat. precari (bitten, flehen) zurückzuführen. Natürlich hat auch Bürger keine andere Ableitung im Sinne, wenn er in seinem „Kaiser und Abt" den als Abt von St. Gallen verkleideten denkwürdigen Hans Bendix vor Kaiser und fürstlichem Rate auf des hohen Herrn verfängliche Frage:

Nun sagt mir, Herr Abt, als ein treuer Wardein,
Wie viel ich jetzt wert, bis zum Heller, mag sein?
entgegnen läßt:

Für dreißig Reichsgulden ward Christus verschachert;
Drum gäb' ich, so sehr Ihr auch pochet und prachert,
Für Euch keinen Deut mehr, als zwanzig und neun,
Denn einen müßt Ihr doch wohl minder wert sein.

Und so war denn nach dieser tabellosen Lösung der ersten Frage das Trugpfäfflein mit dem „imitierten" Dreimänner-Schmerbauche zunächst über die erste Schwierigkeit glücklich hinweg, sein Original hatte aber auch, um noch einmal ein von Bürger gebrauchtes und nach ihm in weite, auch gebildete Kreise gedrungenes Wort anzuführen, mehr Schwulitäten

---

[1]) Das nd. Prekabemuße = Bitten zeigt diesen Wortstamm noch deutlicher. Von dem obigen auch das Adj. pracherig = begehrlich, geizig. Dagegen sind die volkstümlichen „Prager" herumziehende Musikanten, deren Heimat in älterer Zeit meistens Böhmen (Prag) war. Vgl. Schillers Wallenstein: Lager VII. Sc.

vor diesen kaiserlichen Fragen gefühlt, als ein armer Verbrecher, der vor hochnotpeinlichem Halsgericht steht. Noch heute ist man ab und zu in Schwulitäten und findet dabei selten Zeit genug, der ergötzlichen Ableitung des Wortes nachzusinnen, die dasselbe auf unser schwül (schwul) zurückführt und aus diesem mit mißbräuchlicher Anhängung der lat. Wortendung tas sich eine schwulitas schafft, deren Mehrzahl denn nun ganz natürlich auch alle heutigen Schwulitäten noch erzeugt. Übrigens hat sich der gelehrte Volkswitz von diesem Worte auch einen ganz besonderen unregelmäßigen Datibus geschaffen, wenn er meint, daß besonders die eine Sonderart der Menschenkinder, die man gewöhnlich mit dem hochklingenden Namen der Musensöhne benennt, in diesem irdischen Jammerthale sich nicht selten in Schwulibus befände.

Ebenso wie der erwähnte Pracher ist auch der Storger (meist Storcher gespr.) rotwälschen Ursprungs: er bezeichnete von Grund aus einen jener übelbeleumundeten Quacksalber, welche, getragen von der Verachtung der Menge, im Mittelalter die deutschen Lande unsicher machten. Seine Ableitung ist noch in Dunkel gehüllt, die bisher angenommene, welche ihn auf das goth. stiuran (= nach allen Richtungen hin in Bewegung sein) zurückführen will, ist dem Sinne nach weniger anzufechten, als in ihrer bedenklichen sprachlichen Richtigkeit. Eine ganze Anzahl dieser Storger begegnet bereits in Grimmelshausens Simplicissimus (1669), und noch heute sagt man im Norden Deutschlands von einem ziellos hin und her wandernden Bummler, daß er überall herumstorge. Wenn nun aber der Sachse auch von Leuten, die heimlich mit einander reden, meint, daß sie mit einander „storgen", so will das ursprünglich auch nichts anderes sagen, als daß sie wie einander begegnende Storger die Köpfe zusammenstecken, um allerlei heimliche und nicht immer die redlichsten Dinge einander mitzuteilen.

Mit besonderer Zähigkeit hängt das Volk ferner an Benennungen, die es sich — zumeist aus fremden Zungen —

für einzelne Teile des menschlichen Körpers gebildet hat. Wer einen tüchtigen Lungenkatarrh sich geholt, der hat es auf der Plauze, welche bereits im III. Aufzuge von Gryphius' Horribilicribrifax (1663) die alles falsch verstehende Cyrilla kennt und die einem slavischen pluts (= Brust) ihre Herkunft schuldet, also ihre erste Aufnahme in der Heimat unseres Dichters, in Schlesien, gefunden haben dürfte. Und wenn in Kleists prächtigem Lustspiele „der zerbrochene Krug" (1807) der Ruprecht in seinem Bericht über die Verfolgung dessen, welcher unbefugter Weise seinem Evchen einen heimlichen Besuch zugedacht hatte, in Eifer gerät und in die Worte ausbricht:

Als ich die Thür eindonnerte, so reiß ich
Jetzt mit dem Stahl eins pfundschwer übern Detz ihm, —

so wird der Leser in diesem Detz ein in den niederen Schichten der Gesellschaft nicht selten begegnendes Wort wiedererkennen, dessen Ableitung vom frz. la tête (lat. und ital. testa) in die Augen springt. Nur muß man sich hüten, das Wort etwa mit dem ähnlich klingenden Dätzen des Volksmundes zu verwechseln, welcher von Einem, der auf der Kirmse oder irgend einem anderen lärmreichen Volksfeste der gehörigen oder ungehörigen Tracht Prügel nicht entgehen konnte, meint, daß er nun „seinen Dätzen weg habe", oder einem anderen, der überall hineinreden will, nachredet, daß er überall „seinen Dätzen (sonst auch Senf) dazugeben" müsse, sondern der Ursprung dieses verderbten Wortes ist das latein. decimus, ahd. der decemo, der Zehnte, welcher als Abgabe an die mittelalterliche Kirche zu entrichten war. Er muß seinen decemo dazugeben, hieß also ursprünglich: er muß seinen der Geistlichkeit anheimfallenden Zehnten pflichtschuldigst leisten. Der Zehnte selbst fiel seit der Reformation für unsere Kirche naturgemäß hinweg, die Redensart aber hat sich in übertragenem Sinne bis heute erhalten.

Für den Mund hat das Volk verschiedene Bezeichnungen, von denen indes eine so garstig klingt als die andere. „Halt die Gusche (auch Gosche)!" ruft man mit einer gewissen

Roheit dem Redenden zu ¹) und hat in diesem Ausdrucke wohl eher landsknechtartig das ital. gorcia (Kehle) verderbt, als nach Weigand das afrz. gueuse (Gurgel), — „halt die Labbe", sagt man unseres Wissens nur in Anhalt, in der Provinz Sachsen, der Mark, in Thüringen und in Schlesien, und daß wir in der Ableitung dieses Wortes vom lat. labrum (Lippe) nicht irregehn, scheint uns aus dem gleichbedeutenden neueren Anrufe: „halt den Rand" (die Grundbedtg. von labrum) zur Genüge hervorzugehen ²). Beinahe auf noch niederer Stufe steht die allgemein gebräuchliche Fresse und der norddeutsche Nuschel, welcher in seiner Ableitung von niozan (genießen) den Teil des Körpers bezeichnet, vermittels dessen man etwas genießt ³). Welches Wort ferner dem ital. pancia (Unterleib) in unserer niederen Volkssprache entspricht, wollen wir aus ästhetischen Gründen verschweigen, obwohl die ital. Benennung der Anlaß zur Entstehung unseres Wortes Panzer geworden ist. Wir kommen zum letzten, von dem uns Kunde geworden ist, zum Ast. Wer hätte sich im Leben nicht mindestens ein Mal einen Ast gelacht! Und wenn er sich dabei auch stets bewußt war, daß niemand unter dieser Bezeichnung etwas anderes als seinen höchsteigenen Buckel verstehen würde, wußte er, daß dieses Wort seine Bedeutung der Gaunersprache, dem oben erwähnten Rotwälsch verdankt?

Ein Meerwunder ist es, daß der Volksmund nicht auch für die „Unterthanen" des menschlichen Körpers sich irgend einen absonderlichen Namen geschaffen hat. Ein Meerwunder? Als in der Gudrun die drei reizenden Jungfrauen vom holen stein (= Felsen) des jungen Hagens ansichtig wurden,

---

1) In der schweiz. Verkleinerung Göschli liegt der niedere Sinn nicht. Es ist etwa unser kosend gebrauchtes Mäulchen.

2) Man könnte dabei auch an eine Herleitung von lappen denken. Vgl. S. 30. Vom obigen auch das sächsische labbern = sprechen, während dem Braunschweiger labbern = küssen ist.

3) Vgl. dazu ungeneisen S. 100.

dô wolden sie des waenen, ez waere ein wildez
twerc (Zwerg)
oder ein merwunder von dem sê gegangen.

Sie halten den jungen Recken also für ein Seeunge=
heuer und geben uns in dem Ausdrucke dafür den ursprüng=
lichen Begriff des in unseren Tagen ohne Berücksichtigung
jener ersten Bedeutung einfach zur Bezeichnung eines besonders
wunderbaren Ereignisses gebrauchten Wortes [1]).

Um endlich auch eine eigentümliche Farbenbenennung
anzuführen, wenden wir uns weniger zu dem beliebten gel
(gespr. gähl), dessen Farbe bekanntlich dem allgebräuchlichen
Festtagskuchen durch den unentbehrlichen Safran zugeführt
wird [2]), als zu dem kitzegrau des Sachsen und Schlesiers,
dessen erster Bestandteil das im Süden noch vielfach gebrauchte
kizi, kitze, das Junge der Ziege, des Rehes und der Gemse
bezeichnet, wie es in der Altmark auch als kötz (so im kötz-
kalw) erhalten ist. Hier ist es also sogar noch als selb=
ständiges Wort erhalten, während es in den beiden anderen
genannten Ländern nur noch in der obigen Zusammensetzung
erscheint, die eine bestimmte Art grauer Farbe bezeichnen soll.

Da wir die Aufzählung der Volksbenennungen für Körper=
teile nicht durch eine längere Abschweifung unterbrechen wollten,
wie sie das Wort Labbe nahelegte, so fassen wir an dieser
Stelle alles uns darüber Bekannte zusammen.

Den in der Magdeburger Gegend geläufigen Labbetitsch
(= alberner Mensch) sind wir geneigt, weniger mit der Labbe
in Verbindung zu bringen, als mit dem mhd. lappe (Laffe),
der zwar zuerst einen Bösewicht, in seiner gemilderten Weiter=
entwicklung aber einfach den faulen und thörichten Menschen

---

1) Daß man noch im 16. Jahrh. das Wort in seiner ursprüng=
lichen Bedeutung auffaßte, darüber vgl. Hans Sachs: die vipper-
natter mit dem ygel.
2) Safran macht den Kuchen gel! Daher auch der Name des
Cantharellus cibarius, Gelchen, sächs. Gelingchen.

bezeichnet, der nutzlos seine kostbare Lebenszeit vergeudet und mit dem mundartlich frz. lapeau (Faulpelz) gleichen Ursprungs ist. Diese Ableitung scheint uns umsomehr vorzuziehen zu sein, als unser lappe und auch seine Zusammensetzung mit der scherzhaft gebildeten, einer besonderen sprachlich=historischen Ableitung nicht fähigen Anhängungssilbe titsch weit älter ist, als die erst im späten Mittelalter entstandene Bezeichnung Labbe für Mund. Und die dem Magdeburger ganz besonders eigene Labbe? Die unter diesem Namen dem Volksmunde geläufige Brauerei auf dem Breitenwege nahe der Katharinen=kirche? Wir lassen sie weder mit dem Munde, noch mit dem Laffen zusammenhängen, sondern mit dem mhd. låbe, welches nicht nur unsere heutige Labe (= Labung, Erfrischung, refectio in Glossen) bedeutete, sondern auch zur Bezeichnung einer sauern Flüssigkeit oder Brühe verwandt wurde und durch die Kürze seines Stammvokals die Verdoppelung seines Lippen=lautes selbst veranlaßt hat. Der in der besagten Brauerei erzeugte Stoff ist wegen seines ursprünglich etwas herben Ge=schmackes die labbe genannt, und diese Benennung hat sich dann allmählich auf die ganze Brauerei übertragen. Und wenn nun das Liederbuch der Clara Hätzlerin[1]) (15. Jahrh.) über die Städte grollt, die durch der Fürsten Gunst allgemach zu hoher Blüte und der damit verbundenen Üppigkeit des Lebens gelangt waren, wenn es den Markgraf Albrecht von Zollern preist, weil er mehr zum Adel als zu den Städtern hält, und wenn es endlich von den durch den Markgrafen gebemütigten Nürnbergern sagt:

    etwenn was ir gemains geschray,
    woluff mit mir zum Malvensey:
    nu lernens wasser lappen, — [2])

---

1) Ausg. C. Haltaus I. 29.
2) Vormals riefen sie allgemein:
   Auf zum edlen Malvasierwein!
   Nun lernen sie Wasser schlucken.

so haben wir in diesem lappen (nb. lapen = lecken¹), trinken) wieder ein anderes Wort vor uns, dessen Verkleinerungsform läppern natürlich die Bedeutung „in kleinen Zügen lappen" haben muß, eine Thätigkeit, bei der man doch allmählich etwas „zusammenläppert", wenn man sie anhaltend übt. Umgekehrt würde „eine Flüssigkeit in kleinen Zügen verthun" die Grundbedeutung des „Verläpperns" sein, das denn heute namentlich vom allmählichen Verschwenden des Geldes gesagt wird. Daneben wird diese Verkleinerungsform aber auch von der Thätigkeit eines Menschen gebraucht, der begierig nach etwas trachtet (leckt), ebenso begierig, wie der durstige Hund die lechzende Zunge aus dem Halse streckt und so in ursprünglichster Anwendung des Wortes läppert. Und wenn dann dem lickmünnigen (nb. = leckmündigen) Feinschmecker bei Erwähnung eines leckeren Schmauses das Wasser im Munde zusammenläuft und er ganz lipperläppsch wird, so will das auch nur sagen, daß er nach dem bisher ihm nicht zur Verfügung stehenden Genusse lippert und läppert, und daß wir in diesem volkstümlichen lipperläppsch ein Wort besitzen, das, ähnlich wie Klingklang, Singsang, Schnickschnack und Tingeltangel, durch Verbindung des Grundverbums mit seiner ablautlichen Form entstanden ist. Wieder ein anderes Wort liegt dem volkstümlichen lappe = schlaff, schlaff herunterhängend, zu Grunde, nämlich das mhd. lăpe b. h. das herabhängende Stück Zeug. Auch die Lappalien (latinisiertes Wort Lappalia), also etwa unbedeutende kleine Lappen bedeutend, gehen auf dieses Wort zurück. Was aber endlich den langen

---

1) Ein Lappsack ist also Einer, der nur zu lappen, nicht ordentlich zu trinken hat, ein ärmlicher Mensch. Dann wird es auch von demjenigen gesagt, der wohl die Mittel zum Wohlleben besitzt, aber zu geizig (lappig) ist, sie zu diesem Zwecke zu verwenden. Ndl. lapsac aber ist wörtlich ein Sack, worin etwas zum Trinken aufbewahrt wird. „Da kommt der Fischer", singt das ndl. Lied,
    „met sine lapsac, met sine cnapsac"
(cnapsac = Sack, worin etwas zum Knabbern, Essen sich befindet).

Laban betrifft, so ist das ja bekanntlich eine alttestamentliche Figur und kein Geringerer, als der Vater der schönen Rahel (der Schwiegervater Jakobs), der auf alten Darstellungen stets mit einer wundersamen Körperlänge begabt erscheint und eben dadurch sein charakteristisches Beiwort erhalten hat, die typische Figur aller langen Menschen geworden ist.

Daß man in der Mark das Wort Gnade in der eigentümlichen Redensart verwendet, „nicht zu Gnaden kommen können", ist insofern sehr anziehend, als uns in diesem Gebrauche das alte Wort gi-náda in seiner ursprünglichsten, heute im allgemeinen abhanden gekommenen Bedeutung entgegentritt, die dasselbe als ein Sichniederlassen (urverwandt mit griech. gony = Knie, man beugt das Knie, um sich niederzulassen) und endlich als Ruhe [1]) selbst (an. nath = Ruhe) erscheinen läßt und somit die genannte Redewendung unserem heutigen „Nicht zur Ruhe kommen können" gleich macht. Sagt doch noch das Mittelhochdeutsche diu sanne giene ze gnâden. Wer sich aber niederläßt zu einem, der bittend vor ihm kniet, läßt sich herab zu ihm, übt Herablassung, Milde, oder unsere heutige Gnade, die mhd. ganz besonders auch begrifflich gleichbedeutend mit Gunst (Frauengunst bei Walther v. d. Vogelw.) und Dank erscheint, sodaß ab und zu iuwer gnâde zur Übersetzung des frz. vostre merci gebraucht wird.

O über die Magdeburger Mutter, welche ihr Töchterlein nicht selten neben dem rotwälschen Murke auch mit dem sonderbaren Koseworte Klunte benennt. Sie ahnt gar nicht, daß, von dem ursprünglichen Begriffe einer plumpen, ungeschlachten Frauensperson ausgegangen, dieses Wort allmählich die Bedeutung einer äußerst leichtfertigen Dame annahm, in welcher es z. B. Musäus seiner Zeit (1788) verwandte und in welcher es der Holsteiner als kluntje noch heute gebraucht. Übrigens ist auch dieses Klunte ein rotwälsches Wort, das seine letzte Quelle in dem hebräischen kâlôn (= Schande)

---

1) Vgl. Jütting: Essays. 1884. S. 50. Gnadenhafen = Ruhehafen.

finden dürfte. Ganz ähnlichen Begriffsinhalt hat auch die vielgebrauchte Schlumpe, die auf ein mhd. slump = schmutzig zurückzuführen ist. Wenn man nun aber im Königreich Sachsen die Schlumpen auch schmieren kann, so sind sie in diesem Falle gleichbedeutend mit schmutzigem Schuhwerk, das der Reinigung bedarf. Da nun derjenige, welcher zu dieser Reinigung schreitet, sie zumeist eigens zu dem Zwecke des Ausgehens unternimmt, so liegt es nahe, wie der Ausdruck „die Schlumpen schmieren" allmählich in den Begriff des Davongehens, Davonlaufens übergehen konnte, das denn freilich heute gewöhnlich mit einer Hast geschieht, welche die Thätigkeit des ursprünglichen Begriffes zuvor gar nicht mehr zur Ausübung kommen läßt. Etwas anderes ist das nb. slump = von ungefähr, plötzlich. Unkel Bräsig hat sich schon vor der Anrede des Herrn v. Rambow derartig „in dörneme Redensorten verhaspelt, dat hei sik nich so glik up en Slump 'ruter wirren" kann. Mit diesem slump hängt der Schlump = unverhofftes Glück zusammen, und daher wieder die Redensart: „es hat ihm geschlumpt".

Kinkerlitzchen! ruft der ungebulbige Leser aus, vielleicht ohne daran zu denken, daß er dabei wieder einmal ein verderbtes Wort unseres interessanten Nachbars im Munde führt, dessen quincaille und in ähnlichem Sinne gebrauchte quincaillerie zunächst kleines Eisen- und Messinggerät, dann aber auch verächtlich kupferne Scheidemünze, ein Lumpen- oder Spottgeld bedeutet. Übrigens wird bekanntlich aus Kinkerlitzchen oft — in Anlehnung an das lat. sumptus = Aufwand, Kosten — der größte Sums gemacht, und Faxen, die schon Weigand und Sanders auf das latein. facere und facetiae (Witze) zurückleiten, sind häufig die Veranlassung eines verabscheuenswürdigen Quatsches. Welch altersgrauen Ahnen hat das Wort, und wie tief ist es herabgesunken von seiner ehemaligen, durchaus ehrbaren Bedeutung! Schon der Gothe hat das Verbum quithan (= sprechen) und in der altd. Evangelienharmonie, die man gewöhnlich unter dem Namen Tatians (9. Jahrh.) gehen läßt,

    quad ther centenâri son Capharnaum zi themo heilante: truhtin, mîn kneht ligit in hûse lamêr inti ist ubilo giuuîzinot[1]).

Bereits in mhd. Zeit aber verschwindet das Wort allmählich und wir Neuhochdeutschen (der Engländer in quoth = sprach) haben es nur noch in übelbeleumundeten, der Schriftsprache nicht mehr angehörenden Ausläufern, im quaselen und in unserem Quatsch. Gemeiniglich hat man vor dem Quatsch seines redseligen Mitmenschen allen Regatt, der denn nun natürlich nicht mit der bekannten venetianischen oder Berliner Wettgondelfahrt (regatta) zusammenhängt, sondern dem frz. regard = Scheu entsprungen ist, ein Fremdwort, wie es im Laufe der Zeit von den höchsten Gesellschaftskreisen Deutschlands bis in die untersten durchgesickert ist und auf diesem langen Lebenswege einer allmählichen Mißgestaltung nicht entgehen konnte. Abschütteln kann man den Quatsch seines geschwätzigen Nachbars mit Erfolg meist nur dadurch, daß man anfängt batzig zu werden, bärig grob, wie der Braunschweiger mit Hindeutung auf die Ableitung des Wortes sagen würde. Denn batzig heißt ungeschlacht sein, wie ein Bär, wie Meister Batz der Tiersage, den nicht nur das Herzogtum Anhalt, sondern auch die freie Bern im Wappen führte und den sie im 15. Jahrh. auch auf einer ihrer Münzen, dem davon genannten Batzen verewigt hat. Nun wird die Sache für den Schwätzer etwas mies, häßlich, wie das aus dem Hebräischen entstandene rotwälsche Wort ursprünglich sagen will, man faßt ihn bei dem Schlaffittchen, das denn in ähnlicher Weise, wie aus Schlaufrock der bekannte Schlafrock wurde, aus ursprünglichem Schlauffittchen zu seiner jetzigen Gestalt gelangt ist. Das zu Grunde liegende Wort ist

---

[1]) Sprach der Hauptmann von Kapernaum zu dem Heiland: Herr, mein Knecht liegt zu Haus lahm und ist übel geplagt.

sloufen = schlüpfen und der slouf¹), das Kleid, in das man schlüpft und das man zusammenrafft (mhd. den slouf nemen), wenn man schnell irgend einer Gefahr entgehen will. Ob man indessen den zweiten Teil des Wortes als scherzhaft ge= bildetes Anhängsel (wie oben titsch) aufzufassen, oder vielleicht auf das ab. fettah, veddeche (Fittich) zurückzuführen hat, das dem Worte etwa die Bedeutung eines Flügelkleides, also auch eines die Schnelligkeit des Laufes noch vermehrenden Gewandes verleihen würde, bleibt dahingestellt. Sicher hält man also denjenigen am Kleide fest, den man bei dem Schlaf= fittchen faßt, um ihn am Fortlaufen zu verhindern. Und nun kann es dem Festgehaltenen leicht genug sich ereignen, daß er gründlich gemackelt wird, wie man in Braunschweig und Hannover rotwälsch und in Anlehnung an das hebr. mackes = Schläge sich ausdrückt, verwalkt, wie der Altmärker den Vorgang noch drastischer benennt. Dabei würde es für den armen Teufel nur eine Verstärkung seines Unglückes be= deuten, wenn ihm die besprochene Unannehmlichkeit etwa im Böhmerlande begegnete, in welchem er „nach altböhmischer Sitte", wie sie durch die Frevelthat der Aufständischen den Prager Ratsherren gegenüber zu Beginn des dreißigjährigen Krieges sogar in der Historie ihren Platz erhalten hat, ge= legentlich auch vom Fenster aus auf jene Stelle des Hofes versetzt werden könnte, auf welcher man gemeiniglich allerlei Unrat aufzustiepeln pflegt. Erfreulicherweise führt uns das Wort aus dem unbehaglich = deutschfeindlichen Czechen= lande nach dem schönen Italien, dem wir es verdanken. Stipare ist dem Italiener ein „dicht zusammenlegen, bei einander in Fülle anbringen" (wie die Stäbe della stipa b. h. des Reisigbündels), und wenn einer der bekanntesten Novellisten der Gegenwart, Enrico Castelnuovo, in seiner lebendigen Schilderung due ore in ferrovia (zwei Stunden auf der Eisenbahn) von den Reisenden meint: tutti si lagnano

---

1) Mit Benutzung desselben Wortstammes nennt der Anhaltiner eine enge Gasse, durch die man kaum schlüpfen kann, eine Schlippe.

di Società ferroviaria, che vuole stipare la gente nei carrozzoni come le sardelle in barrile [1]), so würden wir in der Wiedergabe dieses stipare als zusammenpfropfen, „aufstiepeln" durchaus keinen Fehler begehen. Der so schmählich Behandelte würde bei seinem Aufstehen zuvörderst sehr wahrscheinlich genau so miesepieprich aussehen, wie weiland Herr Fabricius, Geheimschreiber des Rats zu Prag, wie ein Mäuschen (nd. müs), das, um mit dem Volksmunde zu reden, „auf dem letzten Loche pfeift" — piept, wie der Niederdeutsche sagt. Wieder zu Atem gekommen, wird nun aber das Unglückskind nach Ansicht des Thüringers in der Memleber Gegend anfangen, in unheimlicher Weise seiner zu beginnen. Seiner beginnen? Ein seltsames Wort, das man auf den ersten Blick versucht sein könnte, mit dem gemeingebräuchlichen beginnen = anfangen für gleich zu halten. Aber wie sollte man dazu kommen, dieses beginnen mit dem Genitiv der Person zu verbinden? Nach unserer Meinung hat denn auch dieses beginnen mit dem „anfangen" bedeutenden nichts gemein als den Klang und eine ähnliche Entstehungsart, sein Ursprung ist ein durchaus anderer. Die mhd. Sprache kennt ein ginenden [2]), gininden, eine Zusammensetzung aus der Präposition gi (ga) und dem älteren nandjan (nenden), welches, mit dem Gen. der Person verbunden, eine Bedeutung hat, die ungefähr unserem „Mut fassen, kühn werden" entspricht. Wie bei dem altd. ginnan (aus gi-innan) hat man nun allmählich in dem aus gi-ninden zu ginden zusammengezogenen Worte vergessen, daß man im Anlaute des Wortes bereits eine Präposition besaß, das ganze Wort für ursprünglich eins gehalten und noch einmal eine Zusammensetzung mit der Präposition bi davon gebildet. Wie also aus bi-gi-innan be-

---

1) Alle beklagen sich über die Eisenbahngesellschaft, welche die Leute in die Wagen zusammendrängen wolle, wie die Sardellen im Faß. Wir: wie die Heringe.

2) Daher Worte wie genendekeit = Mut und genendeclichen = mutig.

ginnen wurde, so ist aus bi-gi-ninden beginden geworden. Dann aber hat die starke Klangähnlichkeit endlich auch zu völliger äußerlicher Angleichung geführt, so daß es nunmehr im Volksmunde zwei beginnen gab und heute in der genannten Gegend noch giebt, von denen das eine „anfangen", das andere „mutig, kühn werden" bedeutet. Das auffallende „seiner" aber, welches mit dem letzteren sich verbindet, ist der alte Genitiv sîn, für den eine spätere Zeit kein Verständnis mehr hatte und den das Volk deshalb in „seiner" verwandelte[1]). So schuf es sich aus sîn beginden ein „seiner beginnen"[2]), und so ist denn das im mhd. so viel gebrauchte ginenden doch nicht gänzlich aus der Sprache geschwunden, sondern in dem einen unserer „beginnen" volkstümlich noch heute erhalten. Und unser Pechvogel? „Der darf nicht sorgen für den Spott, der einen Schaden krieget hott", singt schon Martin Opitz aus Bunzlau, — und er wird ja wohl Recht haben!

Billard und Kartenspiel — zwei in unserer Zeit äußerst beliebte Unterhaltungen! Nur daß das heute überwiegende „französische" Billard meist von „noblen" Leuten, das Kartenspiel hingegen von jeder Schicht der Bevölkerung geübt wird. Es kann daher nicht Wunder nehmen, wenn die Ergiebigkeit beider Spiele für unsere Sammlung eine sehr verschiedene ist. Da ist uns beim Billard eigentlich nur die Carline aufgefallen, welche scheinbar dem holden Mädchennamen Caroline, in der That aber der franz. caramboline ihr Dasein dankt, die ihrerseits aus dem ital. carambola, carambolina (Rotbällchen) hervorgegangen ist. Ungleich reicher ist das Kartenspiel an Parias aller Art, die hier teils als eigentümliche Spiel- und Kartenbenennungen, teils als Äußerungen be-

---

1) Dieses sin als bewußter Archaismus noch z. B. bei Anast. Grün in der Döffinger Schlacht: „ich hab sein nicht begehrt". Min ist häufiger, so in Gedenke mein, Vergißmeinnicht u. a.

2) In anderen Gegenden des Thüringerlandes, z. B. in der goldenen Aue, sagt man auch „sich beginnen".

gegnen, wie sie während des Spiels und durch dasselbe hervorgerufen hin und her fliegen.

Da nimmt im „Schafskopf" der eine, obwohl er nur ein paar Japper (auch Quiekser von quieken) von Trumpf hat, d. h. nur ein paar von der Art, die kaum den Mund aufthun (nb. gapen)[1]), kaum atmen kann, eine herausfordernde Haltung an, eine drohende oder bröwische, wie das Volk in Ableitung vom mhd. dröwen (= drohen) sagt, und spielt die gewichtige Karte aus, welche in früherer Zeit mit dem Bilde Sancti Sebastiani, des heiligen Bastian, geziert war und daher noch heute die Baste, oder mit teils bewußter, teils unbewußter Verderbung des Wortes der Paster (Pastor) heißt[2]). Was ist die Folge? Da der Gegner nicht nur den „Alten" (eichelnen Ober), sondern auch sonst eine sehr gute, von Fosen (les cartes fausses) freie Karte hat, so werden der bröwische und sein unschuldiger Ede (frz. aide = Gehülfe, aus Unkenntnis häufig als Abkürzung des Namens Eduard aufgefaßt und meist Ete gespr.) bet, Dummköpfe, wie das frz. la bête (lat. bestia) sie eigentlich wenig schmeichelhaft benennen will, oder schwarz, wie man heute zumeist mit Hindeutung auf eine veraltete Sitte[3]) sagt, nach welcher demjenigen ein Zeichen mit Kohle oder angebranntem Kork auf Gesicht oder Hand gedrückt wurde, der keinen Stich im Spiele erhalten. Ein anderer begeht im beliebten Scatspiel den so häufig begegnenden Fehler, den Sänkel auszuspielen (zu sänkeln), wenn der Gegner „in Mittelhand sitzt". Sein fehlerhaftes Ausspiel hat den Verlust des Spieles für ihn und seinen Mitspieler zur Folge und im Ärger über die Vorwürfe, welche ihm sein Ede ob des unheilvollen Sänkelspiels macht, denkt er gewiß nicht daran, daß dieser Sänkel englischer (ursprünglich lateinischer:

---

1) Eine Fortbildung dieses nb. gapen ist giepern, gleichsam begierig nach etwas schnappen. Vgl. lassen S. 98.

2) Gemeint ist der grüne Ober (Pique Dame).

3) Uns ist dieser Brauch heute nur noch im „schwarzen Peter" aufgefallen.

singuli) Abkunft, und dem single (= einzig, allein, „blank", wie der Spieler sagt), des Sohnes Albions entsprungen ist. Wenn man nun aber ganz besonders fein sogar von einem „Sänkelton" redet, so sollte man sich doch dabei stets erinnern, daß singleton in der Sprache des meerbeherrschenden Inselvolkes nichts Geringeres als einen Tropf und Einfaltspinsel bezeichnet, wie er ja beim Spiele bekanntlich nie vorhanden ist. Ja das Sänkeltonspielen! Nur manefaken, nicht allebot, meint der Niederdeutsche und giebt damit dem jungen Anfänger des Spiels eine äußerst leicht zu befolgende Regel an die Hand. Man soll es zwar manefaken (b. h. mannigfach = vielfach) thun, aber durchaus nicht allebot, bei jedem Stoße, alle Stoß, wie die wörtliche Umdeutung heißen würde, wenn man daran fest hält, daß dieses bot dem oberd. bôz = Stoß, Schlag¹) entspricht, wie es auch im ital. botta, im frz. botte, dem Germanischen entlehnt, erscheint. Dabei ist besonders anziehend, daß, wie die Spielausdrücke stechen, Stich, abstechen, auch das Wort bot dem alten Turnierspiele entstammt, dessen einzelne Handlungen nach seinem Erlöschen auf andere Spiele (z. B. auch auf das Kegelspiel, in welchem man noch heute ein erstes, zweites u. s. w. Rennen unterscheidet,) übergingen.

Für den Musensohn ist der Scat fast das einzige Kartenspiel, dem er obliegt, und gar die eine Art desselben, der Vierscat, ist durch ihn beinahe international geworden. Besonderer Vorliebe erfreut sich dabei der sogen. fibele Ramsch, den er zuweilen sogar mit bewußter Hindeutung an den bekannten altägyptischen Herrscher — „der da war ein König trutzig" — Ramses zu nennen beliebt. Gleichgültig, wie er ihn auch benennen mag, mit fremdem Namen nennt er ihn immer: mit asiatischem im Ramses, mit französischem im Ramsch.

Il a ramassé toutes les cartes, sagt man in Frankreich von einem, der alle Karten zusammengerafft hat, der, wie

---

1) Dasselbe Wort steckt auch in unserem Amboß (auebôz, worauf man schlägt), Beifuß (bi-bôt) und in dem Buzemann (dem klopfenden Unhold) der Kinderwelt. Name: Buzmann.

der Deutsche mit Übernahme des ramasser volkstümlich sich ausdrückt, den „ganzen Ramsch gekriegt" hat, d. h. Alles, was von den in Rede stehenden Dingen überhaupt vorhanden war. „Da haben Sie den ganzen Ramsch"¹), sagt mit ähnlicher Verwendung des Wortes die Hökerin, wenn sie der Käuferin ihren ganzen noch übrigen Vorrat von Zwiebeln oder Kartoffeln in den Korb wirft. Ramsch spielen, will also nichts anderes heißen, als ein Spiel üben, bei welchem Einer möglichst viele Stiche einheimsen (ramasser), d. h. den Ramsch „fangen" oder „erwischen" soll. Übrigens empfinden wir das Wort Ramsch kaum noch als Fremdwort, es ist eines von den wenigen, welche der Deutsche vernünftigerweise völlig in das Gewand seiner Sprache gekleidet, die er völlig ihren Gesetzen unterworfen, also deutsch gemacht hat²). Was aber endlich die Sonderart des Bierseats betrifft, welche der Studio den Lachs nennt, so weiß er auch ohne uns, daß damit ursprünglich der feine Danziger Branntwein gemeint ist, wie ihn Lessing noch in einem Schlucke Lachs (I 511) kennt, wie er besonders im „Lachs" zu Danzig hergestellt wurde und „extrafein" war, wenn er doppelt über Gewürz abgezogen war, wie in Lessings Minna³). Und so zahlte denn ursprünglich derjenige eigentlich nicht Bier, sondern „Schnäpfer", welcher das Schwein (in früheren Zeiten der höchste Preis bei Schützenspielen, = Glück)⁴) hatte, den Lachs zu „fangen".

———
1) Auch wohl den ganzen Krempel, eigentl. Grempel, d. h. den unbedeutenden Kleinkram, der auf das mhd. grempen = Kleinhandel treiben, zurückgeht, ein Wort, welches mit Umstellung des r auch im ital. comprare = kaufen und compra = Kauf erscheint.

2) Darüber des Verf. Abhandlung: German. Eigentum in der Sprache Italiens. Augustheft des Centralorgans für die Inter. des Realschulw. 1887.

3) So sagt der Wirt in Lessings Minna auf Justs Frage, ob er den Schnaps selbst gemacht habe: Behüte! Veritabler Danziger, echter doppelter Lachs.

4) Eine andere Abl. führt mit Dunger: das Fremdwörterun= wesen S. 20, den Ausdruck auf Sau zurück, wie das Volk die höchste,

Übrigens sind doch nicht alle Spieler auch leidenschaftliche Ramschspieler. Mancher verhält sich denn doch sehr etepetete dagegen. Welch löbliches Streben heute überall da zu beobachten ist, wo es gilt, alten, ihrem Ursprunge nach bisher unbekannten Worten auf die Spur zu kommen, zeigen uns unter anderem die Unterhaltungsbeilagen der „Deutschen Rundschau" (118, 121), in denen ein edler Wetteifer über die Ableitung des Wortes etepetete entbrannt ist. Während der eine nach dem Vorgange des Dr. Seelmann im Korrespondenzblatte des Vereins für niederdeutsche Sprachforschung das „höflich ausweichende" peut-être als zweiten Bestandteil zu Grunde legt und im ersten das nd. öbe = geziert, zimperlich, erblickt, sieht der andere im ganzen Worte lediglich eine den ursprünglichen Begriff öde verstärkende Wiederholung desselben, wie sie ähnlich auch in Holter de Polter und in den ersten Worten des Rätsels

Hüppel de Püppel up en Been

Trägt väel mier als hunnert Steen[1]) —

enthalten sein soll. Die letzte Ableitung scheint auch uns die richtigere, da es uns nicht recht einleuchten will, wie gerade in dem Norden Deutschlands seit so alter Zeit das sonst nirgends begegnende peut-être Fuß fassen konnte. Dabei wollen wir übrigens nicht verkennen, daß die Rückführung des Wortes auf das Französische immerhin möglich ist, und daß ähnlich so, wie wir heute häufig, verführt von der dem Germanen angeborenen Reimsucht (Dichteritis), das beliebte „später peut-être" verwenden, auch ein vielleicht zunächst scherzhaft fragendes „öbe peut-être" (wobei das r am Ende bei Aussprache des Berliners, dem die Ausbildung des Wortes dann zu danken wäre, nicht voll hörbar ist, daher auch allmählich ganz schwinden konnte) entstanden sein kann.

---

also glücklichste Karte, das As, genannt haben soll. Dafür soll denn später auch Schwein gesagt worden sein.

1) Lösung: der Kirschbaum. Steen (Stein) = Kern.

Doch wieder zu unserem Ramsch! Nach landläufiger Ansicht soll dieser Ramsch gerade das Spiel sein, in welchem am meisten gemogelt (smuggeln, nb. smokeln mit Wegfall des s = etwas an eine Stelle smiugen = schmiegen, an die es nicht hingehört)[1]) wird, und da kann es sich denn wohl ereignen, daß Jemand, der nicht genau auf das Spiel achtet, trotz seiner guten Karte so in der Ruschemusche alle, oder doch wenigstens die entscheidendsten Stiche erhält. Die Schöpfer dieser verhängnisvollen Verwirrung, wie sie durch die Ruschemusche angedeutet wird, sind wieder unsere westlichen Nachbarn, deren Worten rouge und mouche wir die seltsame Zusammensetzung danken müssen. Le rouge lui monte au visage, la mouche (eigentlich = Fliege, lat. musca) lui monte à la tête — es ist klar, daß beide Worte in diesen Redensarten so ziemlich denselben Sinn haben, den des Zornes, daß also die launige Zusammenstellung beider zu einer rouge-mouche, wie sie übrigens der Deutsche, nicht der Franzose, geschaffen, von Grund aus nur einen Ausbruch zorniger Erregung bedeuten soll, bei welcher der „blinde Eifer" keiner genauen Scheibung der Begriffe und Verhältnisse mehr fähig ist. Daraus entwickelte sich in naturgemäßem Fortschritte die Bedeutung der Verwirrung der Verhältnisse, des Darunter und Darüber, und in diesem Sinne findet man das Wort denn auch in der Gegenwart verwandt.

Der kluge Gegner hat längst gemerkt, daß der bösartige Ramsch, welcher die Ruschemusche erzeugte, für den Mitspieler sehr verderblich sein könne, „es schwante ihm so etwas". Warum auch nicht? Schwant doch selbst dem ehrwürdigen Walther Fürst in Schillers Tell Böses, als ihm der jugendlich heißblütige Melchthal die That vermeldet, welche er an dem Buben des Landvogts geübt hat. Was ist schwanen

---

1) Ähnlichen Sinn hat das in der Wolfenbüttler Gegend gebräuchliche fichen = falsch spielen, das wir in seiner Abstammung auf das goth. bifaihôn = bevorteilen, täuschen zurückführen.

anders, als ein Vorherahnen der Zukunft, wie es nach alter Ansicht besonders dem Vogel der Prophezeiung, dem Schwane, innewohnen sollte, von dem das Wort entlehnt ist? In diesem Sinne „trägt man sogar Schwansfedern", wenn man Unheil voraussehend sich scheut, irgend eine gewichtige Handlung zu begehen.

Was dem klugen Gegner geschwant, ist eingetroffen: mit dem Gegner ist es Menkenke geworden. Welch sonderbare (übrigens noch sehr jugendliche) Wortbildung dieses Menkenke, und dabei, trotz seiner Jugend, wie beliebt und allgemein bekannt! Menkenke ist eigentlich alles[1]), fast jede mißliche Sachlage, jedes mißliche Verhältnis, jedes, das nicht ganz rein (mit hebr. Worte koscher eigentl. = recht, gesetzmäßig) und „frei von Schuld und Fehle" ist, — ganz unvermischt, unvermengt, hätten wir sagen und damit die Ableitung des Wortes sofort andeuten können. Menkenke ist es mit einer Sache, wenn in ihr etwas mang (gespr. mank = zwischen, engl. among)[2]) dazwischengemengt ist, was ihre ursprüngliche Reinheit und Ordnung stört. Aus diesem mang hat das Volk sich durch Wiederholung desselben Wortes (nur mit Wegfall des in dieser Verbindung schwer sprechbaren Anlauts m) seine über alles geliebte Menkenke gebildet.

Nun soll es ans Zahlen gehen — allein damit ist es auch Menkenke: das Geld ist ausgegangen, der Unglückliche kann die Summe nicht erlegen, sie ist ihm zu stikl (= zu steil, zu hoch), wie der Niederdeutsche[3]) in diesem Falle sagt.

---

1) Daher denn auch, weil es fast auf alles anwendbar ist, der so häufige Gebrauch des Wortes, besonders in Mitteldeutschland.

2) ags. an gimang. Wer das Wort vom nbl. manc = gebrechlich abl. will, muß die gleiche Entstehungsart (durch Verdoppelung) annehmen.

3) Auch in der Mansfelder Mundart. Vgl. Jecht: Grenzen u. innere Gliederung zwischen dem Mansfelder und Anhalter Dialect. Heft XX der Zeitschr. des Harzv. für die Gesch. des Harzes.

Da hilft indessen weder langes simuliren, das hier nun
nicht etwa heucheln (lat. simulare), sondern einfach nachdenken
heißen soll, noch allerlei Schmus (von hebr. schmûôth =
Erzählungen), zahlt er nicht, so giebt es, wenn die Spieler
den niederen Volksschichten angehören und der Ort der Handlung etwa eine der verwegenen Dorfkirmsen ist, unfehlbar einen
lebhaften Strackat, dessen Bedeutung aus dem ital. straccare
= matt machen, und zwar durch allerlei Thätlichkeiten, deutlich genug erhellt. Es hilft ihm nichts, daß er den Gegner
in nb. Ausdrucksweise einen Ökel nennt, der nun freilich
nicht den herben Sinn unseres Ekels in sich faßt, sondern nur
einen Menschen bezeichnen soll, der seinen Mitbruder gern
ökelt, d. h. ärgert, wie nach dem Schwankgedicht des Peter
Leu (16. Jahrh.), weiland „des meßners son im Dorf Westain",
der, obwohl „an vernunft und verstand klein", trotzdem

> hett einen besonderen lust (mhd. der lust)
> jeden zu ökeln und zu fatzen[1]):

es hilft ihm nichts, daß er die Gegner davon überführt, daß
sie sich widerrechtlich einen Teil seines Geldes schmul (rotwälsch aus Samuel) gemacht haben, sie werden dadurch nur
um so schnobbriger, d. h. eigentlich klüger (ab. snottar =
klug, weise)[2] — er wird trotzdem nicht unbehelligt davon
kommen, denn alle seine Klagen und Einwendungen gelten
den Gegnern nicht mehr als der kohlende Abfall des ausgebrannten Dochtes, welchen man mit dem Finger abschnippt
und daher Schnuppe genannt hat. Der Mann muß zahlen

---

1) Vgl. S. 1.
2) Von einem Menschen, der alles besser wissen will, sagte man:
er snottert. Einen anschnobbern heißt demnach ursprünglich nur,
ihn in vielleicht etwas heftiger Weise zu belehren suchen. Die Absicht
des Belehrens liegt heute nun freilich diesem Anschnobbern nicht immer
mehr zu Grunde.

oder so behandelt werden, daß er „an die Kirmse denken kann" [1]), alles andere ist den Gegnern schnuppe [2]).

„Am Golde hängt, nach Gelde drängt doch Alles", meint der Altmeister deutscher Dichtung, und wer will das Streben nach Reichtum an sich als etwas Ungerechtfertigtes hinstellen, wer will es dem verargen, der sich **sieben Brieschen** (nd. brüsche, anhalt. Brausche, braunschw. Brusche, mb. Bräsche) darnach rennt, d. h. der sich die größte Mühe giebt, ein reicher Mann zu werden. Reichtum schändet ja nach Paul Lindaus Ansicht nicht, wenigstens den nicht, der ihn zweckentsprechend und weise zu gebrauchen weiß. Aber wie wenige verstehen das!

Da überhebt sich der Eine in Folge seiner Gelder, will überall das **Prä** (lat. prae = vor), d. h. den Vorrang haben, giebt sich bei jeder Gelegenheit ein großes **Är** (frz. air = Miene), steckt eine unglaublich wichtige Miene auf und thut anderen, ärmeren Menschenkindern gegenüber gewaltig **prottig** und **kitnäsig**, wie sich der Norddeutsche mit Benutzung sehr alter Wortstämme ausdrückt. Sehr alter: denn beide gehen bis tief in die ab. Sprachzeit zurück, in welcher **briezen** schwellen [3]), Knospen treiben, heißt und den prottigen Menschen somit zu einem aufgeblasenen Menschen stempelt, zu einem, der nach Ansicht des Baiern sich **brozt** (= sich aufbläht), zu einem Geldprotzen, zu dem **Großprot** des Norddeutschen, den die Ableitung des Volkes so gern mit Brot zusammenbringen möchte [4]). Ganz Ähnliches will seiner Ableitung nach

---

1) Die Redensart ist alt, sie begegnet bereits in Grimmelshausens Simplicissimus.
2) Also = nichtswertig.
3) So sagt man von einem dünkelhaften Menschen auch: Er spielt den Geschwollenen.
4) Das Volk denkt sich bei dieser Abl. den Menschen als „einen, der das große Brot hat" und zugleich das „große Messer in der

auch kitnäfig sagen, deffen Grundwort, das ab. kîthi, kîth
den Sprößling, also ebenfalls das strotzend Emporsprießende,
Schwellende andeuten will, wie das eben erwähnte briezen.
Der Großprot überragt also seine früheren Standesgenoffen
bei weitem und macht ein sehr vermißquämtes Gesicht,
wenn ihn etwa einer derselben an vergangene ärmere Tage
erinnern will. Freilich müßten seine ehemaligen Genoffen
Norddeutsche sein, wenn sie das bezeichnete Gesicht ihres kit-
näfigen Mitmenschen mit dem Ausdrucke vermißquämt benennen sollen, denn nur dem Niederdeutschen ist das aus mhd.
misse. und comen (= kommen, Praet. quam, goth. qiman)
entstandene und im ndl. misquame noch völlig erhaltene Wort
geläufig, das denn ein Gesicht bezeichnen soll, dem man es
deutlich genug ansieht, daß die Begegnungen und die An-
deutungen früherer Standesgenoffen seines Trägers diesem durchaus ungelegen kommen, so zu sagen mißkommen [1]). Wie,
wenn der andere ihn an jene häßlichen Zeiten erinnern wollte,
da auch er noch, wie der läftige Erinnerer, in der einfachen
Baselunohe herumging, in jenem dem langen französischen
Blaukittel (Blouse) ähnlichen Gewande, das sich durch besonders langen Schoß, die basque longue auszeichnete und
daher dem Volke überhaupt zum Langschoß, zur Baselunche [2]),

Tasche", mit dem er es schneidet. In ähnlichem Sinne nennt man
den Großprot auch einen Großmogel, und hat dabei ursprünglich
die mongolischen Herrscher Indiens im 16. Jahrh. im Auge gehabt,
welche den Titel Groß-Mogul führten. Übrigens ist das nb. prat =
hochtrabende Rede, dann Rede überhaupt, mit prot gleichstammig.

1) Gegens. be-quaeme = passend, bequem. Übrigens ist dem
Mecklenburger vermißquämt = verkommen.

2) Ähnlich klingt das braunschw. faselinche, das einen jungen
Faselhans, auch Aufschneider bezeichnet und vom vaseu des 17. Jahrh.
kommt, das „mit dem Geifte irre umherschweifen" und dann dem entsprechend handeln, d. h. Verwirrtes, Albernes treiben und sprechen
(faseln) bedeutet.

wurde, oder da auch er noch mit dem simplen [1]) Bijak (nd. aus engl. pea-jacket = grobe, wollene Seemannsjacke), oder endlich gar mit der bescheidenen M u l t u m j a c k e des Sachsen (frz. molleton, von lat. mollis, weicher Flanellstoff) bekleidet in seinem kleinen K ä f t e r c h e n oder K i f t e r c h e n (ab. chafteri = Bienenkorb, daraus Käfter und Käfterchen = Kämmerchen) hauste, während er jetzt freilich in dem neu errichteten palastartigen Prachtgebäude stets mit dem Rocke einherstolziert, den die mittelalterlichen Zunftgenossen bei festlichen Bratenschmäusen anzulegen und eben deshalb den B r a t e n = r o c k zu b e n i e m e n (benamen, mecklenb. näumen) pflegten. Tempi passati — die Zeit dieser Gildenschmäuse [2]) ist längst vorüber, aber der Bratenrock ist noch da und bezeichnet auch heute noch das meistens etwas lange, schwarze Obergewand, das man bei besonders feierlichen Gelegenheiten zu tragen liebt, den Besuchs= und Staatsrock, dem denn in der Neuzeit die vestis fracta, der Frack (bessere Abl. vom frz. froc = Mönchskutte) gewaltig den Rang streitig zu machen sucht.

Indessen vermögen derartige lästige Schwätzer den T i k (wohl frz. tic = Laune des Stolzes) des Reichgewordenen nur auf kurze Zeit zu beeinträchtigen, ungebessert macht er bereits nach kurzer Zeit denselben B r a m, wie vorher. Bram? Das Wort, wie es in Niederdeutschland vielfach gebraucht wird, entstammt dem dän. bram = Pracht, Prahlerei, und ist vom bekannten dänischen Molière L. v. Holberg in seinem Jakob von Tyboe zur Schöpfung seines köstlichen Bramarbas [3]) verwandt, dessen Bramarbasieren nun allmählich weit über seine engere Heimat hinausgedrungen ist.

---

1) Daher der S i m p e l = einfacher, dann einfältiger Mensch, ursprünglich kein tadelnder Begriff. Die ursprüngl. Bdtg. hat man auch im Sinne, wenn man in Braunschw. im Kegelspiel den Wurf, der nur einen Kegel (aber nicht den König) stehen ließ, den Simpel nennt. Vgl. S. 111.

2) Ursprünglich Opferschmäuse. Vg. Grimm, Mythol. 34.

3) Auch der in Norddeutschland vielfach begegnende Name Prahlmann entstammt diesem Worte.

Und die Gattin, die theuere? Auch sie hat nichts mehr von der früheren Einfachheit und Anspruchslosigkeit in ihrem Wesen, aufgeputzt, wie die oberdeutsche und schlesische Tocke, d. h. wie eine Puppe¹) (altd. auch = Mädchen) geht sie einher, sie ist eine Bonnise geworden, wie der Sachse eine Frau zu nennen liebt, die erhaben auf die gewöhnlicheren Menschenkinder herabsieht und so stolz sich geberdet, wie es zumeist jene Bonnen thaten, welche seiner Zeit der Deutsche dem westlichen Nachbarlande entlehnte, damit sie seinen Kindern die Bildung zu teil werden ließen, welche noch im vorigen Jahrh. die einzig maßgebende der Welt war, die französische. Die deutsche Frau vermochte das nicht, sie konnte das Germanenkind höchstens zu deutscher Derbheit und deutscher Ehrlichkeit heranbilden, und damit ist denn doch noch blutwenig für das Leben gethan, in welchem man „verzweifelt wenig ist, wenn man weiter nichts ist als ehrlich". Was Wunder, wenn die französischen Lehrmeisterinnen in der Regel nur mit Verachtung und Stolz auf ihre ungebildeten deutschen Schwestern blickten? Ähnlich jenen Bonnisen trägt nunmehr auch die Frau des Geldprotzen den Kopf, sie weiß ja, daß Reichtum heutzutage Verstand und Bildung gleich in sich schließt, daß derjenige der kurzsichtigen Welt auch für „gebildet" gilt, der reich ist. Daher wird es ihr auch gar nicht so schwer, den nötigen Pli (den feinen Plüh Unkel Bräsigs), an den Tag zu legen. Ob sie sich daneben auch bewußt ist, daß dieses den Franzosen entnommene Pli in der Sprache derselben heute gar nicht mehr die Bedeutung hat, die sie hineinzulegen für gut befindet? Le pli ist eigentlich die Falte im Kleide (lat. plicare = falten), und nur noch einzelne Redewendungen, wie donner un bon pli à quelque chose = einer Sache eine gute Wendung geben, sie gut einzuleiten verstehen, erinnern an die einstige

---

1) Das Wort Puppe ist erst später durch das lat. puppa oder das frz. poupée zu uns gekommen und hat in Norddeutschland die germ. tocke gänzlich verdrängt.

Bedeutung des Wortes, die dem Geschmack gleichkam, mit welchem man diese oder jene Handlung auszuführen oder auch sich selbst zu benehmen verstand. Was die Französin längst in die Rumpelkammer geworfen, dient der Germanin nachträglich als besondere Zierde.

Und wie hochgebildet vollends seit kurzer Zeit der Gatte geworden ist! Sein Geld hat ihm größere Reisen möglich gemacht, auf denen er viel, sehr viel sah und hörte. Nun schnakt[1]) er natürlich klug und weiß von Allem, was die Welt Großes und Schönes dem Menschenauge bietet, und bemerkt in seinem Dünkel durchaus nicht, wie er heimlich doch von denen verlacht wird, die vielleicht weniger Geld, aber mehr Verstand besitzen als er und gar bald durchschaut haben, daß der großspurige Herr eigentlich von all dem, was er gesehen, keine buse ratze, wie der Bewohner der Halberstädter und Magdeburger Gegend sagt, verstanden hat. Da hat er denn freilich gerade so wenig geistig erfaßt, wie die bûs (= Katze), die niederb. auch noch besonders mit dem geläufigeren Namen Katze verbunden als Puskatte[2]) erscheint, gerade so wenig ferner wie die Ratze oder der Ratz (für Ratte und Haselmaus[3]) gebraucht), wie also zusammengesetzt die Buseratze, die Maus- oder Rattenkatze auf dergleichen Reisen begriffen haben würde.

Wieder ein anderer und vernûz (preußisch: vornaus = besonders) ein solcher, der durch glückliche Erbschaft allzuschnell

---

1) Vom nb. snake = munteres Gerede, ähnl. nb. der snack = eitles Gerede (Schnickschnack). In Thüringen sagt man: „Mach doch keinen dummen Schnack!" Und Unkel Bräsig hat sich seine „schakoladentalürige Hose von einem Rostocker Volatious ansnaken lassen."

2) Der Schweizer hat bus auch als Lockruf für Katze, Weigand. Die Zusammenstellung der beiden Worte gleichen Sinnes ist erfolgt, als man sich dessen nicht mehr bewußt war, daß bus allein schon Katze hieß.

3) Daher auch schlafen „wie ein Ratz", d. h. wie eine Haselmaus, welche den ganzen Winter hindurch schläft.

von seinem Knuſt (nb. = alter Baumſtamm, daher auch ein ungeſchickt abgeſchnittenes Stück Brot in Norddeutſchland ein Knuſt¹) gen. wird) zum Wohlſtande gelangt iſt und in Folge deſſen den Segen des Reichtums nicht zu würdigen weiß, wird plötzlich ein Braesewedel, wie der Sachſe meint, ein Menſch, der, verführt durch die Fülle ſeiner Gelder, anfängt zu broeſen, d. h. in Saus und Braus zu leben und dabei vor überſchäumender Lebensluſt ſich dreht und wendet (mhd. wedelen, daher der Wedel) überallhin, wo ihm des Lebens Freuden winken. Er iſt es, der mit dem Niederländer ſingt:

met luilic werken en vromelic broesen
daer hanghet al mijn leven an,
en wijnken drinken met dobbelen croesen .
dit doen ik altijt, waer ic can²).

Daß dem luſtigen Bruder die Geſellſchaft dabei nicht fehlt, dafür iſt im Leben ſchon geſorgt. Von allen Seiten wird auf ihn hinein gebräſcht, geſchwatzt, wie das aus dem mhd. bregler = Schwätzer zu erſchließenden ältere bregen (ſächſiſch bräſchen) wiederzugeben ſein würde, ſo daß er aus dem luſtigen Taumel gar nicht heraus, am allerwenigſten etwa gar zur Beſinnung kommt. So wird denn der plötzlich erworbene Reichtum wieder verquaſt (mhd. quâz = Münze, daher quâzen = ſchlemmen, ſein Geld verthun), die Geldſtücke fliegen zum Fenſter hinaus, faſt ſo ſchnell, wie ſie gekommen, und nicht lange wird es dauern, ſo iſt alles in die

---

1) knûs, ſchwäb. Knaus = Anſatz am Brote, den man nur mit Mühe zu zerbeißen, zerſtoßen (mhd. knüsen = ſtoßen) vermag. Daher auch das volkstüml. verknuſen etwa = zerbeißen. Urſprünglich konnte man nur Sachen nicht verknuſen, ſpäter wurde der Ausdruck auch auf unliebſame Perſonen übertragen.

2) An ſüßem Nichtsthun und luſtgem Leben
Da hängt mein ganzes Leben dran,
Aus doppeltem Becher den Saft der Reben,
Den trink' ich, wo ich immer kann.

H. Hoffmanns v. Fallersleben niederl. Volkslieder Nr. 106. Hannover 1856.

Quiste gegangen. Übrigens kann sich der Verschwender dann wenigstens noch mit dem Bewußtsein trösten, nicht der Erste zu sein, dem dieses Unglück über den Hals kommt, das Verquisten ist uralt und schon der Gothe legt den Grund zur ferneren Ausbildung des Wortes, nur hat es bei ihm noch lediglich den Sinn von verderben, verlieren, wie uns Ulfilas berichtet in den Worten (Matth. 10, 39): Saei bigitith saivala seina, fraqisteith izai, jah saei fraqisteith saivalai seinai in meina, bigitith tho [1]).

Aus diesem qistjan wurde dann ab. quistan und ndl. kwisten = verprassen, wie es das ndl. Urbild des studentischen Bierlala so trefflich verstand, nur daß er nach all seinen tollen, heute fast in allen Kommersbüchern verewigten Streichen sich schließlich doch noch zu einem „soliden" Leben bekehrte, denn

    Als Bierlala nu was hersteld,
      verzoend' hy met zyn vrouw,
    hy kwisste voorts niet meer zyn geld,
      maer leefde stil en trouw [2]).

Allein nur wenige sind auch so klug wie dieser Liebling des Musensohnes! Die meisten Menschen merken gar nicht, wie die Sache allmählich „höllisch unterkithig" wird, wie in Folge des üppigen Lebens das Geld nach und nach immer mehr dahinschmilzt, wie die Schulden wachsen und wie sie all dem schwelgerischen Dasein ein eben so sicheres Ende bereiten werden, wie der oben [3]) erwähnte kith, der alte Sproß, weichen muß, wenn der junge unter ihm (unterkithig) hervorwachsen will. So ist der Finger unterkithig, wenn der alte Nagel dem darunter

---

1) Wer sein Leben findet, der wird es verlieren, und wer sein Leben verliert um meinetwillen, der wird es finden.

2) Als Bierlala nun war hergestellt,
    Versöhnt er sein Weibchen wieder,
    Verpraßte fürder nicht sein Geld
    Und lebte still und bieder. — Ebenfalls aus Hoffmann v. Fall. niederl. Volksl.

3) Vgl. S. 45.

hervorwachsenden neuen weichen muß, so sind wir Menschenkinder alle unterkithig und fallen, damit das jüngere Geschlecht an unserer Stelle emporsprossen, blühen und Frucht tragen kann. Und so geht es denn mit dem Verschwender lätsch und immer lätscher (abgel. aus malätsch, dem roman. malato, lat. male aptus, krank, übel beschaffen)[1]), und ehe er es sich versieht, sind die Gelder ratzekal[2]) verschwunden, wird ihm Haus und Hof mit geil und gahre[3]), mit dem, was bereits gewachsen ist (geil = Wachstum), und was noch im bestellten Boden schlummert (mhd. garwe = Zubereitung, hier des Bodens) von Gerichtswegen zur Befriedigung seiner zahllosen Gläubiger verkauft und er ist ärmer als zuvor.

Den jähen Wechsel des Geschickes aber erträgt nicht jeder Mensch mit philosophischem Gleichmut. Es giebt Leute, die sich durch plötzliches Unglück so völlig niederschlagen lassen, daß sie fortan überhaupt an nichts anderes mehr denken, als an ihr Mißgeschick, daß sie sich schließlich „etwas in den Kopf setzen", daß sie, wie das Volk meint, meschucke (auch maschucke) werden. Dieses sonderbare Wort, dem man die hebräische Abkunft schon an der Stirne ansieht, erscheint bereits in der Bibel zu mehreren Malen und bezeichnet daselbst den Begeisterten, Rasenden[4]). So werden Jerem. 29, 26 die Wahrsager und Weissager, die falschen Propheten, welche in den Kerker geworfen werden sollen, als meschuggâ bezeichnet, und so werden II Könige 9, 11 auch die wahren Propheten im Tone der Beschimpfung mit diesem Worte benannt. „Und da Jehu hinausging, sprach man zu ihm: Warum ist dieser Rasende zu Dir gekommen?" Der Rasende aber ist kein

---

1) Im Königr. Sachsen noch erweitert zu querlätsch.

2) Verderbt aus radical = gründlich. Übrigens giebt es auch ein ratzekahl, d. h. kahl wie eine enthäutete Ratte.

3) Alter Gerichtsstil, der von da aus im Laufe der Zeit auch in das Volk gedrungen ist.

4) Auch der raste (vgl. griech. mainesthai) nach Ansicht der Alten, welcher prophezeite, d. h. aus dessen Munde der Gott sprach.

anderer als der Jüngling des Propheten, „der Knabe", welcher in Elisas Auftrage den Hauptmann Jehu zum König von Israel salben sollte. Und wenn nun endlich meschuggâ in dem heiligen Buche bereits hier und da¹) als wahnsinnig und geistesschwach begegnet, so ist das eben schon ganz dieselbe Bedeutung, in welcher die heutige Volkssprache ihr meschucke verwendet.

Indessen wer möchte unserem Unglücklichen ein solches „Ende mit Schrecken" auf den Hals wünschen? Viel christlicher ist es, dafür lieber den Wunsch zu hegen, daß er trotz seiner Verarmung reicher geworden sein möge, reicher um die goldene Erfahrung, daß

Glück erfahren — Schicksalsgunst,
Glücklich bleiben — eigene Kunst.

Wer ist schlimmer daran, als der kleine Handelsmann unserer Tage? Ein jeder Kunde glaubt, ihn, wo es ichtens (eigentl. ichtes aus ab. eowihtes = irgend, besonders häufig in Braunschw., mecklenb. jichtens auch jichtenswo aus ihteswâ) möglich ist, nach Kräften cujonieren und tortewieren zu können, ohne dabei zu bedenken, daß es ihm viel besser anstehen würde, einfach in deutschen Worten und offen deutscher Art mit jenem zu verhandeln. Welch in Ableitung und Begriff gleich häßliches Wort dies cujonieren, das, einmal aus dem frz. coïonner (= jem. schimpflich behandeln) entstanden, nun auch unfehlbar den vielgebrauchten, heute besonders in der Bedtg. eines sehr durchtriebenen Menschen auftretenden Kujon nach sich zog. Während nun der franz. coïon einfach den groben Menschen, oder in getreuerer Anlehnung an die Ableitung des Wortes — mit Salfene²) zu sagen (salva venia — im Erzgeb. häufig) — den Hundsfot³) bezeichnet,

---

1) З. B. I Samuel 21, 15.
2) Vgl. Hebel im Kannitverstan: Fässer voll Reis und Pfeffer und salveni Mausdreck drunter.
3) Vgl. S. 4.

hat das ital. coglione¹) nebenbei auch den Begriff des Feiglings, vielleicht weil man die Bemerkung machte, daß die größten Schufte nicht selten die feigsten Menschen sind.

Und das Tortewieren, in welchem einzelne eine ganz besondere Forsche (la force, Kraft) besitzen? Es ist aus zwei demselben Grundworte entsprungenen Fremdworten hervorgegangen, aus dem torquieren des 17. Jahrh. und dem frz. le tort (= das Unrecht), welche beide ihrerseits auf das lat. torquere quälen, foltern, zurückzuführen sind. Tortewieren (in einigen Gegenden auch torwiren) heißt also jemanden quälen, ihn durch allerlei Nörgeleien belästigen, ihm auch wohl einmal einen rechten Tort anthun, den der gern in allitterierenden Redensarten sich ergebende Sprachgebrauch des Volkes nun auch noch mit dem Dampf zusammenstellt, so daß er nunmehr von dem „Tort und Dampf"²) redet, welchen einzelne Bösewichter ihren Nebenmenschen anzuthun pflegen. Und wie sich einmal in dem kleinen thüringer Badeorte Frankenhausen ein förmlicher „Verein der Bösewichter" zum „löblichen Thun" vereinigte, so giebt es auch anderorts ganze Konfischen (lat. convivia = Tischgesellschaften) von Leuten, die ein ganz besonderes Vergnügen daran finden, bei jeder Gelegenheit die Schwächen und sittlichen Gebrechen ihrer Mitmenschen aufzudecken, d. h. ihnen alles zu Tort und Dampf zu thun. Übrigens zeigt die Verderbtheit der Worte cujonieren und tortewieren deutlich genug, daß auch sie (wie der oben besprochene Regatt und viele andere) zuerst von den höheren Gesellschaftskreisen Deutschlands übernommen, dann aber von diesen um so schneller fallen

---

1) Coïon und coglione sind aus lat. coleus (= Hode) hervorgegangen. Schon im Altertum wurden Benennungen einzelner Körperteile als Schimpfworte gebraucht. Ähnlich, nur vom Tierkörper übertragen, das erwähnte Hundsfot.

2) „Dampf" steht hier in mhd. Bdtg. = Bedrängnis, Pein, und jemandem Dampf thun d. h. ihn zu Fall bringen, bedrängen, ist durch E. M. Arndt aus dem nd. ins hd. eingeführt worden.

gelassen wurden, je mehr sie allmählich in verderbter Form
den tieferen Schichten des Volkes zusanken.

Und wenn nun dieser Kleinhändler nicht alles genau
absolviert (verderbt aus observiert = beobachtet), wenn er
sich gar einmal thatkräftig gegen alle diese Cujoniereien und
Tortewiereien wehren will, so wird ihm das obendrein meist
noch übel vermerkt, man meidet seinen Laden und die Folge
davon ist häufig genug, daß er ohne alles Verschulden caduk
wird (eine ganz junge Entlehnung des lat. caducus hinfällig)
oder, wie man sich noch deutlicher ausdrückt, pleite geht.
Ein seltsames Wort dieses Pleite: es taucht zuerst in der
zweiten Hälfte des 18. Jahrh. und zwar im Niederdeutschen
auf, dessen „fleuten gân" man vielleicht weniger mit der Fleute
(Flöte) und mit der Redensart flöten gehn (= verloren gehn)
als mit dem hebr. plêtô (= Flucht) zusammenzubringen hat.
Übrigens haben flöten und pleite[1]) gehn eine ganz ähnliche
Bedeutung, die durch den Gebrauch desselben Zeitwortes (gehen)
bei beiden allmählich eine Art Verschmelzung nur noch be=
fördert hat. Wer pleite ging (heute sagt man übrigens
häufiger pleite machen), wurde also in ursprünglichem Sinne
flüchtig, machte sich aus dem Staube, um wenigstens seine
werte Person bei dem allgemeinen Zusammensturze seines
Hauses in Sicherheit zu bringen, und nur ein Hämling
(braunschw. = schadenfroher, hämischer Mensch) konnte bei
solchem Mißgeschicke seines unglücklichen Menschenbruders noch
Freude empfinden. Schofel ist es ja, d. h. erbärmlich und
eine niedere Gesinnung bekundend (hebr. schâfêl eigentl. = gebe=
mütigt, erniedrigt werden), sich über das Unglück anderer zu freuen.

---

1) Einzelne (z. B. Weigand) nehmen an, daß flöten in diesem
Sinne überhaupt erst aus plêtô hervorgegangen sei. Warum? Von
einem, der sich durch Flötespielen seinen Unterhalt beschafft, sagt man doch:
er geht flöten, d. h. er ist nicht zugegen, ist fortgegangen. Er ist
flöten gegangen heißt demnach: er ist nicht mehr da, und von diesem
Sinne bis zur Verallgemeinerung der Redensart zu „abhanden ge=
kommen sein" ist doch nur ein kleiner Schritt.

So ist denn der Kleinhändler zum armen Mann geworden, zum Schubbejack, also zu einem Menschen, der, vielleicht um allerlei überflüssiges Getier auf Augenblicke von seiner Aßstätte zu verscheuchen, sich die Jacke schubbt (= kratzt, reibt) und schier zufrieden sein muß, wenn er seiner Familie das schiere Brot durch seiner Hände Arbeit verdienen kann. Da haben wir zwei schier in einem Atem ausgesprochen. Der Sinn beider kann nicht derselbe sein, da beide ursprünglich ganz verschiedene Wörter sind, von denen das erste, unser „beinahe" (Schier dreißig Jahre bist du alt), dem mhd. schiere (ahd. sciaro) schnell, bald, das zweite, von uns übrigens nur in Norddeutschland gehörte, dem mhd. schir lauter, rein[1]) (goth. skeirs = klar mit Ableitung von der Wurzel skî = scheinen) entstammt. So wird das bloße Brot, das man sonst auch eitel Brot (mhd. îtel = leer, nichtig[2]), nichts als) nennt, dem Nordd. zum schieren Brot, schriftsässig ist aber das Wort nur noch in der mecklenb. Mundart, im übrigen steht es bereits mit einem Fuß im Grabe.

Die Gelder des Kleinhändlers sind somit verschwunden, wie wir es, um mit dem Anhaltiner und Preußen zu reden, all[3]), d. h. ganz und gar gesagt haben. Sie sind alle ge-

---

1) So heißt es im Heliant bei Schilderung der Hochz. zu Canaan:
— — — — gêngun ambahtman
skenkeon mid skalun, drôgun skirana win. (Schänken mit Schalen, sie trugen schieren Wein.)
Und bei Fr. Reuter soll Hawermanns Zukunft „an en schiren Faden lang" gehn. Hier ist schier = glatt.

2) Das Wort Eitelkeit, das in neuerer Zeit eine ganz besondere Begriffsfärbung erhalten hat, heißt also in erster Bedeutung Nichtigkeit. Begrifflich stellt sich dazu unser vereiteln.

3) Ähnlich das al recht (all right des Engländers) und al wâr des Althochdeutschen, die wir heute durch schon recht, schon wahr wiedergeben. Auch das all des Anhaltiners hat oft die Bdtg. schon. Zu diesem schon früh im nb. angebahnten Übergange des all in die Bdtg. schon vgl. aus dem nb. Reinecke Vos v. 1162:

worden, sagt man in allen deutschen Gauen[1]) und will auch damit andeuten, daß sie alle dahingegangen (alle allegeworden) sind und daß nichts mehr da ist, was zurückgeblieben wäre. Ist es ein Wunder, wenn der Arme die ganze Sippschaft verwünscht, die sein Unglück verschuldet? Freilich würde er wenigstens diesen Ausdruck zur Kennzeichnung derselben nicht anwenden, wenn er wüßte, daß derselbe bei seiner Herkunft vom ab. sippa (goth. sibja) eigentlich Blutsverwandtschaft bedeutet, deren Wortbegriff Sippe man in neuester Zeit in einzelnen naturwissenschaftlichen Werken, ab und zu auch in ableitlichen Sprachuntersuchungen nicht ohne Erfolg wieder zu einem gewissen Leben erweckt hat. Nun, wenn er Sippschaft nicht sagen darf, so wünscht er vielleicht die ganze Bagage zum Teufel, von der man heute zumeist annimmt, daß sie trotz ihres ähnlichen Klanges und der „Package" des Unkels Bräsig weniger mit unserem Pack als mit dem mittellat. bagagium (= Kasten) in Zusammenhang zu bringen ist. Anziehend ist dabei, daß diese aus Frankreich herübergeholte Bagage in ihrer Heimat gar nicht weiblich, sondern lediglich männlichen Geschlechtes (le bagage) ist, daß das Wort in unserem Nachbarlande eigentlich nur Sachen (Gepäck) bezeichnet, daß bagage se dit des choses que ceux qui voyagent emportent pour leurs besoins[2]), während unser Volk das Wort ganz besonders auch für niedere Menschenklassen und Gesindel in Anwendung bringt. „Die ganze Bagage kann mir gewogen

---

     do se lôsquam ût deme gate,
     do was Reinke al wech syne strate —
bei Goethe: Da nun endlich die Wölfin sich aus der Spalte gerettet,
     War schon Reinecke weg.

1) In Schillers Räubern meint Schwarz: Auch ist der Wein all in unsern Schläuchen.

2) Bagage nennt man Sachen, welche die Reisenden für ihre Bedürfnisse mit sich führen. Erklärung franz. Gramm.

bleiben", meint der Kaufmann, wenn man ihm einzelne Kunden vorloben will, an denen ihm deshalb nichts liegt, weil sie selten oder gar nicht zahlen. Nur die Litteratur hat den ursprünglichen Sinn des Wortes treuer gewahrt, in ihr erinnert der berühmte Bagagewagen Körners immer noch an die eigentliche Bedeutung der überrheinischen Bagage.

Die germanische Sucht nach Fremdwörtern, welche erst auf die großen nationalen Ereignisse der neuesten Zeit hin in Folge eines gewissen Schamgefühls etwas nachgelassen und hoffentlich immer mehr verschwinden wird, ist bisher nicht nur den höheren Schichten der Gesellschaft, sondern in eben so hohem, wenn nicht noch höherem Grade den niederen eigen gewesen. Gierig griff man hier das fremde, besonders schön und gelehrt klingende Wort des Höhergestellten auf und meinte wohl gar, durch den Gebrauch desselben selbst sofort eine höhere Stufe der Bildung erklommen zu haben, jenem Oberen etwas näher gekommen zu sein. Natürlich verstand man das Wort nicht immer, allein das schadete nichts, man gebrauchte es nichts desto weniger, ja, nicht genug damit, man schuf sich, geleitet von einem sog. Sprachgefühle, ab und zu sogar ausländisch klingende Worte, welche denn die Sprache, der sie angehören sollten, überhaupt nicht besaß. Ganz abgesehen von der berühmten Blamage (gespr. Blamasche), die man in franz. Wörterbüchern vergeblich sucht und für die allenfalls, aber auch nicht einmal für den ganzen Umfang unseres Wortbegriffes le blâme' (lat. blasphemia = Schmähung, Lästerung) eintreten könnte, hat sich der schöpferische Volksgeist auch in allerlei mehr oder weniger ungeheuerlichen Wortbildungen wie Renommage, Klebage (Kleid), Stellage, Spendage, Schenkage, Spionage, Furage und Futterage, Bammelage[1]), Retirade

---

1) Ihrer Endung nach sollten alle diese französisch gekleideten Worte männlich gebraucht werden. Allein lieber würde das Volk die Worte selbst, als ihr über alles geliebtes weibliches Geschlecht aufgeben. Ebenso sagen wir z. B. für das frz. le passage die Passage. Wir

(frz. pissoir), Meublement (frz. les meubles) und vielen anderen bethätigt.

Indessen genug davon: wir kehren wieder zu unserem verarmten Geschäftsmann zurück. Sein Zorn hilft ihm wenig, das einzige Mittel gegen sein Unglück ist die Arbeit, die er nicht scheuen darf, in welcher Gestalt sie ihm auch entgegentreten mag. Ein Ende hat das gokeln (gökeln), das Scherzen und Spielen, das dem lat. ioculari (iocus = Spiel, frz. jeu, ital. giuoco, volkstüml. der Jok, Jux) entflossen ist und sowohl in dem süddeutschen Gaikelspiele, wie in dem kopfkekeln [1]) (thür. Volkswort: der Kopfskeikel) der Kinder, im herumkokeln an der in Anlehnung an das goth. fôn (an. funi = Feuer) Funzel [2]) genannten, trübe brennenden Lampe und in unseren Gauklern (ioculator, frz. jongleur) nachweisbar ist, er muß stantepe (= stante pede, stehenden Fußes) seinem und der Familie Brote nachgehen, so rauchmutzen (d. h. rauh und mutzig [3]) = mürrisch, besonders im Kgr. Sachsen gebr.) es ihm dabei zu Mute sein mag. Und wenn es draußen, in Ableitung vom goth. driusan, af. dreosan = fallen, braſcht [4]) (oder breiſcht = regnet), wie mit Mollen (für Mulde, ein der Länge nach ausgehöhltes Gefäß), wenn es gießt wie mit Segerleinen, d. h. in scheinbar ununterbrochenen, den gewichtetragenden Leinen der alten Seiger

---

haben eben in unseren Fremdworten ein ganz besonderes Französisch, das natürlich keinem lächerlicher klingen kann, als dem Franzosen selbst.

1) Mit Verwendung des Wortes nennt das Volk auch den kleinen Kerl, der noch nicht ordentlich laufen kann und daher oft purzelt, einen „kleinen Kekelmatz". Über Matz (Matthes) vgl. S. 5.

2) Verwandt mit dem Funken.

3) Von mutare, wechseln, ändern, dem auch das Mausern des Vogels und die dabei bemerkbare Verstimmung desselben, das mausige Wesen („mach dich nicht so mausig!") ihre Entstehung danken.

4) Davon ital. la troscia, die vom Wasser gebildete Rinne, lo stroscio das Geräusch des fallenden Wassers und strosciare = herabströmen.

(Seger) an Stärke gleichkommenden Strahlen [1]), wenn Pfützen allenthalben den Weg bedecken, er muß hindurch sappen, wie das Volk fast noch in gleichem Sinne das alte Wort sappen (= plump, schwerfällig einhergehen) verwendet, er muß durch karjolen, wenn anders er das Glück hat, bei seinem neuen Berufe ein Karriol [2]), d. h. einen kleinen Einspännerwagen zur Verfügung zu besitzen. Dabei schadet es gar nicht, wenn er, um Kunden herbeizulocken, hier und da schreit wie ein Zahnbrecher, wie der mittelalterliche Quacksalber [3]), welcher durch Schreien und Rufen auf dem Markte seine besonders für die Zähne seiner Mitmenschen verhängnisvolle Ankunft zu verkünden pflegte. Noch heute findet man wohl auf kleineren Märkten derartige Schreihälse, die mit vollem Munde ihr Lob in die Welt hinauspofaunen, während im übrigen bei größeren Sehenswürdigkeiten diese Marktschreierei durch Maueranschläge aller Arten und Farben und durch die übliche „Zeitungsreklame" besorgt wird.

Daß sich unser Held dabei dann und wann einen Pips holt, ist so natürlich wie die Ableitung dieses Schnupfen bedeutenden Wortes vom mittellat. pipita (frz. pépie, engl. pip), das seinerseits wieder auf das altlat. pituita = Schleim (Entzündung der Schleimhäute) zurückgeht [4]). Greift er zum Feldbau, so wird er sich damit beschäftigen, den Acker umzuragolen oder regolen, zu raklen, wie man mit genauerer Wiedergabe des frz. râcler le champ = den Boden auflockern, sagen würde, und auch die Frau darf dabei nicht müßig sein, auch sie muß angschwitt (frz. ensuite) mit ihm schaffen und

---

[1]) Mit ähnlichem Bilde sagt der Norddeutsche: Es regnet Bindfaden.

[2]) Der carrus urspr. ein keltisches Wort. Der Sachse nennt einen schlechten Wagen eine alte Karrete.

[3]) Vgl. den Storger S. 25.

[4]) In der Magdeb. Gegend bedeutet „den Pips haben" auch soviel als „übergeschnappt" sein.

wirken und nicht etwa eine dem Sachsen sehr geläufige Marusche sein, die, wie das zu Grunde liegende frz. morose (lat. morosus) = grämlich, mürrisch, andeutet, der Kopfhängerei oder Bequemlichkeit sich hingiebt. Nimmer wird sonst der Wohlstand wieder einkehren in dem gesunkenen Hause, nimmer würden sie sonst die ganze Schwiete (la suite [1]) = Reihenfolge, Reihe) der Kinder ernähren und groß ziehen können zum Nutzen und Frommen der Menschheit, und das wäre ein Unrecht, welches bald noch größere Mißhelligkeiten nach sich ziehen würde, denn

Auf das Unrecht folgt das Übel,
Wie die Thrän' auf den herben Zwiebel.

O selige Kinderzeit! Wie gern denkt der Mann deiner, wie schmerzlich süße Erinnerungen rufst du in ihm wach! Wie die Knospe des Baumes ihrer Entfaltung entgegenschwillt unter dem sorgsamen Blicke des Gärtners, so überwacht das Mutterauge mit ängstlicher Zärtlichkeit die jugendliche Menschenknospe, bis sie sich zu kräftiger Blüte zu entwickeln beginnt:

Der Mutterliebe zarte Sorgen
Bewachen ihren goldnen Morgen.

Und da dieser Morgen benn doch etwas lang und besonders sehr ereignisreich ist, — was hat die gute Mutter nicht alles zu überwachen! Da tummeln sich die kleinen Leute auf dem Hofe herum, die Lüttchen, wie sie der Norddeutsche nennt mit Verwendung des af. luttic = klein, gering, das schon im goth. leitils, ferner im engl. little und endlich auch im Lande Lützelnburg (Luxemburg) [2]) begegnet, sie toltern

---

[1]) Daher auch der Suitier = Abenteurer, lustiger Bruder und das davon abzuleitende nb. verfuitchen und verfuitchefieren z. B. das Geld.

[2]) = kleine Burg. Gegensatz Mecklenburg vom nb. mikel, mekel = groß, ahd. michel, daher Namen wie Michelmann, Michelwirt u. a.

(nbl. dolen = sich haftig bewegen) hierhin und dorthin, bis
endlich ein kleines Lork die Schaukel entdeckt hat, welche im
Hintergrunde des Hofes zu turnerischen Zwecken angebracht
ist. Mag nun dieses findige Lork noch so sehr Liebling der
Mutter sein, im Grunde ist es seiner Ableitung nach doch
nichts anderes als eine kleine Kröte (mhd. lorc und lurc)[1],
deren Benennung somit im Munde der Mutter zum Koseworte
geworden ist. Daß man übrigens nicht nur Kröten, sondern auch
allerlei anderes Getier mit diesem Namen benennt, geht aus
folgender klassischen Verklärung hervor, die der Norddeutsche
dem Worte geschaffen. Schiller äußerte einmal Goethe gegen=
über, daß das deutsche Volk durchgehends so dichterisch bean=
lagt sei, daß es häufig unbewußt in gebundener Rede, „in
Versen" spreche. Goethe bezweifelte das, und während der
Erörterung des Gegenstandes führte ihr Abendgang die Beiden
auf einen Bauernhof in der Umgebung Ilmathens. Hier sah
Goethe mit Teilnahme der Hausfrau zu, die sich soeben ab=
mühte, die Hühner in den Stall zu jagen. Bei allen gelang
ihr das, bis auf eines, das durchaus (oder partout, wie man
sehr albern das frz. überall bedeutende Wort zu gebrauchen
pflegt) nicht die Freiheit mit dem engen Behältnis zu ver=
tauschen gewillt schien. Da wurde ein sehr einfaches Mittel
angewandt. Sie ließ ihre zahlreichen Kinder einander bei den
Händen fassen und im Kreise sich herumstellen, und wie die
alten Perser besiegte Inselbewohner einfingen, so sollte nun=

---

[1] Daher auch nb. die Bezeichnung Lorke für schlechten, dünnen
Kaffee, eigentlich Krötenwasser bedeutend. Der obigen Benennung
ähnlich ist in Chamissos „rechtem Barbier": „Bist du der Rechte
kleiner Molch?" ferner die kleine Krabbe, nb. = Krebs (engl.
crab) und die nordd. Pogge (= Frosch). Von letzterer auch die
Bezeichnung Poggenstaul (= stuhl) für den Pilz, der also etwa
einem Stuhle gleicht, auf welchem sich die Pogge zu setzen pflegt. Vgl.
engl. paddock-stool für eine Champignonart (Agaricus), eigentlich
= Paddenstuhl, die Padde aber (schon altsächs. in dieser Form er=
scheinend), engl. paddock, bezeichnet die Kröte.

mehr der Kreis immer enger gezogen und das Widerspenstige seinem Gewahrsam zugeführt werden. Allein eben als der Kreis ganz eng geworden und das Tier bereits in der Nähe der Stallthür angelangt ist, da bricht es plötzlich mit lautem Geschrei durch die Reihe der ängstlich weichenden Kinderschar und flieht weit hin über den Hof. Die Bäuerin aber ruft hochrot vor Grimm und Zorn:

Süh, da löpet et hen, dat ole schötrige Lork dat! [1])

"Nun?" wandte sich Schiller an den Freund, "wollen Sie einen besseren Hexameter hören?" Und daraufhin soll denn der andere völlig überzeugt gewesen sein von der Wahrheit der Schillerschen Behauptung. Se non vero, ben trovato: wenn es nicht wahr ist, so ist es doch wenigstens ganz hübsch erfunden.

Unser kleines Lork hat also die Schaukel gefunden und beginnt nun sich damit und darauf zu erlustigen: allein was ist die unausbleibliche Folge? Da es an die schnellen Bewegungen derselben nicht gewöhnt ist, wird es "drehend", (wie der Sachse sagt) oder schwelmlich. Schon der altnordische Knabe kannte das unbehagliche Gefühl und nannte es svimi b. h. Schwindel, und auch dem Altdeutschen ist das sweim das unbestimmte Schweben und Schwanken eines Gegenstandes sowohl als einer Person. Allein nicht nur der Mensch in seiner Kindheit sweimt (= bewegt sich schwankend hin und her), auch der Erwachsene, und besonders wenn er irgend welchen alkoholischen Genüssen allzustark sich hingegeben. Der Niederdeutsche, welcher das Wort sweimen als swiemen hat, nennt daher derartige schwankende Gestalten swiemel und wir nach seinem Vorgange Schwiemel. Dem kleinen Kerl treibt das unheimliche Gefühl des Schwindels die Thränen ins Auge, er fängt an zu grinen, wie der Niederländer meint, b. h. zu weinen [2]), dessen nbl. Ausdruck nicht mit seiner Fortbildung

---

1) Sieh, da läuft es nun hin, das alte schmutzige Lork das!
2) In Thüringen findet man grinen auch für lachen gebraucht.

grijnzen (= den Mund verzerren, grinsen) zu verwechseln ist. Mit bekannter Schnelligkeit beruhigt indessen die Mutter ihr Herzblättchen.

Ein anderer ist auf den Hollunderstrauch ge höckert, er hat ihn zu erklettern gesucht, hat bald hier, bald dort gehockt auf seinem Wege nach oben, bis er endlich die ersehnte Höhe erreicht, er höckert hat. Wie von groß ein Vergrößern, von lang ein Verlängern[1]), so ist (mit Umlaut des Stammvokals) aus hocken ein Erhöckern und bloßes höckern geworden. Und was will der kleine Mensch auf dem Strauche? Der Hollunderstamm ist hohl[2]), d. h. er hat einen sehr weichen Peddek, wie der Nieberb. mit Benutzung des noch heute in seiner Sprache erhaltenen ags. pidha, engl. pith, holl. pit = Mark sagt: wie geeignet also der Stamm zur Anfertigung der beliebten Klappbüchsen! Neid, Mißgunst und Bosheit sind den Menschen angeboren: Der Spielgenosse des kleinen Wagehalses gewinnt es nicht über sich, den andern im alleinigen Besitze des Hollunderstammes zu sehen, er sucht ihn daher am Klettern zu verhindern, hält ihn an einem besonderen Teile der Hose fest und treckt ihn mit aller Kraft wieder zu sich herunter. Kein Gebildeter unserer Tage (wenigstens nicht, wenn er Mittel- oder Oberdeutscher ist) wird das Wort trecken (= ziehen) mehr im Munde führen, es ist für ihn höchstens noch im vertrackt (eigentl. = verzogen, d. h. anders gezogen, als es von Natur sein sollte) vorhanden, im übrigen für seine Zunge ausgestorben. Früher freilich war das anders, da wurde es nicht nur in der Sprache des gebildeten Umganges,

---

wie denn schon das ah. grînan „den Mund zum Weinen und zum Lachen verziehen" bedeutet, in Anhalt, der Mark und Schlesien ist grinsen = weinen.

1) Vgl. auch belämmern S. 68.
2) Ältere Abl. führt den Namen des Strauches auf diese Eigenschaft zurück, während eine neuere ihn mit der altgerm. Holla zusammenbringt. Vgl. Söhns: Deutsche Pflanzennamen. Natur 1884 Nr. 47.

sondern sogar in dichterischen Schilderungen und Ergüssen verwandt. Als im I Buche von Wolframs Parcival Gahmuret in Zazamanc einzieht, um der Mohrenkönigin Belakane seine Dienste anzubieten, und sein Einzug in die Stadt geschildert wird, heißt es:

>dar nâch muos' ouch getrecket sîn
>acht ors mit zindâle
>verdecket al zemâle

Hinterher mußten auch acht Rosse gezogen werden, die allesamt mit Zindal (= Art von Taffent, afrz. cendal) bedeckt waren. So hochpoetisch klang in alter Zeit ein Wort, das man heute nur noch im Volksmunde und zumeist bei norbb. Bevölkerung antrifft [1]).

Wieder andere, unter denen wilder Haber Platz gegriffen, prügeln einander und zwar deftig [2]), wie der Norbb. mit Entlehnung des niederl., eigentlich „würbig" bedeutenden Wortes meint, das ableitlich und sinnlich am nächsten sich zum goth. gadaban = sich geziemen stellt. Wer heftige Prügel erhält, empfängt also die, welche sich für ihn und seine Handlungsweise geziemen, d. h. tüchtige, hahnebüchene, und es ist ihm nunmehr überlassen, einmal darüber nachzudenken, inwieweit die Härte der Schläge der Wirkung der Hagenbuchengerte [3]) (daher hahnebüchen!) gleichkommt, wie sie hier

---

1) In nb. Mundart ist das Wort noch sehr geläufig. Bei Reuter ist sogar hier und da der Hewen (af. heban, engl. heaven, Himmel, eigentl. = Überdeckung der Erde. Vgl. Himmelbett) swart betreckt = umzogen. Ja, noch mehr: — auch von geistiger Anziehung wird es bei ihm gebraucht: So sihr as em (Hawermann) hat ok antreckte, hei kamm in sin Gedanken ümmer webber up sine ogenblicklichen Lag'.

2) Davon auch die deftigkeit = Würde.

3) Gewöhnlicher Hainbuche dafür gesagt: hägen wird zu hain (vgl. Hainbund), wie mäget zu meit (meit). Dagegen Hânebalken von hân (Hahn) = der Firstbalken des Hauses, auf welchem häufig ein Hahn angebracht war.

und da nicht ohne Nutzen in Anwendung gebracht werden soll. So ergeht es unserem kleinen Streitkopfe. Vorher schon war ihm von seinem stärkeren Spielgenossen warnend zugerufen: „Wenn du nicht aufhörst zu schimpfen, bist du trefe!" Er hörte nicht auf das Mahnwort, schimpfte und stritt ruhig weiter und die angedrohte Strafe ereilte ihn. Der Ärmste! Er hatte gar nicht einmal erfaßt, was der andere unter seinem trefe verstanden wissen wollte, sonst würde er gewiß abgelassen haben zu schmähen, er ist noch viel zu klein, als daß er bereits der hebräischen Sprache mächtig sein sollte. Und das mußte er wohl, um das Wort trefe seinem ursprünglichen Sinne nach zu deuten. Trefe bezeichnet das, was beim Schächten gerissen, d. h. nicht der Vorschrift entsprechend durchschnitten ist, was also nicht ordnungsmäßig geschächtet und daher nach dem jüdischen Speisegesetz als Speise verboten ist. Ein solches Stück Fleisch kann seinen Zweck nicht mehr erfüllen, es ist unnütz, also verloren als Speise für den Menschen, und gerade in dem letzten Sinne will das Volk sein trefe aufgefaßt wissen. Das zu Grunde liegende hebr. Wort trephah bezeichnet eigentlich das von wilden Tieren Zerrissene: „was aber vom Wild zerrissen ist", sagt das mosaische Gesetz, „machet Euch zu allerlei Nutz, aber essen sollt Ihr es nicht".

Dort **fühlen** sich schmutzsüchtige Rangen im „Dreck" herum und lassen sich weder durch Drohungen noch Versprechungen der Mutter in ihrem unlöblichen Beginnen **irritieren**. Sühlen? Der sol und daz sol bezeichnen die Kotlache, in der sich das Vieh wälzt, und ihnen danken das ags. sylen, as. suljan und das heutige nord- und mitteldeutsche (meist **sielen** gesprochene) sühlen ihre Abkunft. Dieses Sich-wälzen im Sande ist also uralt, nur daß es früher zumeist lebiglich von Schweinen gesagt wird [1]), während wir heute auch die erwähnten kleinen Leute sich darin üben lassen.

---

1) Daher der Name des Forstortes Schweinsfohle im Forstrevier Harzgerode.

„Ihr sollt Eure Perlen nicht vor die Säue werfen", oder, wie der altf. Heliant (9. Jahrh.) Vers 1724 und 1725¹) das Bild umwandelt, dieselben den Säuen nicht als Halsband umhängen,

hwand siu it an horu spurnat,
suliad an sande —

denn sie treten es (das Halsband) in den Kot und fühlen sich im Sande. Und wenn sich nun unsere übermütigen kleinen Rüpel (Verkleinerungsform von Ruprecht)²) bei ihrer nichtswürdigen Beschäftigung weder durch Drohen noch Versprechen der Mutter irritieren lassen, so kann das natürlich nicht etwa in sprachlich richtiger Bedeutung des thöricht gebrauchten Fremdwortes heißen sollen, daß sie sich noch mehr aufreizen lassen (irritare, frz. irriter), sondern daß sie sich in ihrer Schmutzseligkeit durchaus nicht beirren lassen. Der Gleichklang des deutschen beirren und des franz. irriter hat die Entlehnung und den völlig falschen, aber nichtsdestoweniger äußerst beliebten Gebrauch des letzteren veranlaßt.

Ein anderer Schwarm beschäftigt sich angelegentlichst mit dem Hofhunde, eine immerhin nicht ungefährliche Belustigung, da Caro ein sehr bissiges Tier, also eine „alte Tache" ist, deren Benennung wir mit dem goth. tahjan = reißen, zerren in ableitlichen Zusammenhang bringen. Das Wort hat keinerlei Verschiebung seines Anfangskonsonanten erfahren, weil es ursprünglich rein niederdeutsch und erst sehr spät in die hochd. Sprache herübergenommen ist. Würde Caro sich durch Gefräßigkeit auszeichnen und dabei kein Mittel zur Befriedigung seiner niederen Gelüste scheuen, so könnte er leicht zur Teve (oder Tiffe) werden, d. h. zum Diebe, den der Altdeutsche diup, der Altsachse theof, der Niederl. dief, der Engl. thief und der Däne endlich tyv nennt. Aus der Form Teve geht hervor, daß sie wie die Tache niederdeutsch ist.

---

1) Ausg. Heyne.
2) Und dabei denke man, daß Hruot-peraht eigentl. der Ruhmglänzende, Ruhmstrahlende ist. Wie tief ist er zum Rüpel gesunken!

Natürlich kann Mütterchen nicht all diese zum Teil recht unpassenden Beschäftigungen der Kleinen gutheißen und sie verbietet ihnen die Fortsetzung derselben. Anfangs haben sie überhaupt keinerlei Neigung, ihr zu gehorsamen, und als sie es endlich doch thun müssen, da geschieht es ungern und sie beginnen zu muckschen, d. h. Mucken an den Tag zu legen, muckisch zu werden, wie das nd. Wort sagt, dessen german. Wurzel muk = heimlich thun, unter anderen auch in unserem Meuchelmörder zu suchen ist. Welch böse Eigenschaft dies Muckschen! Und dabei wird sie meistens anerzogen! Das Kind muckscht nur, wenn es sicher ist, dadurch etwas zu erreichen, sobald es einsieht, daß alle seine Anstrengungen vergeblich sind, daß sein Muckschen überhaupt gar keine Berücksichtigung bei der Mutter findet, hört es von selbst damit auf. Die gute Mutter aber hat es nie über sich gewonnen, den Liebling so lange mit sich „böse" zu wissen, sie hat stets wieder nachgegeben und dadurch dem Kinde das Muckschen so recht anerzogen. Sie ist eben nach Ansicht des Braunschweigers viel zu schleze, zu milb, zart, schwach, wie des Engländers sleazy sagen will, und zu matt, wie das af. Grundwort slêu, slêo, mhd. slê meint, das aber ist nicht die rechte Erziehung. Die Jugend will nicht nur Milde, sie verlangt auch Strenge in ihrer Behandlung, und wo nicht „das Strenge mit dem Zarten" zur Gesamtwirkung sich vereinten, da ist die ganze Erziehung belämmert, wie man in ganz Deutschland sich ausdrückt. Was heißt das? Auf den ersten Blick könnte man versucht sein, das Wort für ein seinem Sinnne nach sehr niederes, etwa die „Excremente" des Lammes bezeichnendes zu halten[1]), würde dann aber doch stutzig werden, wenn man es sogar in der Schrift- und Umgangssprache eines ger-

---

1) Ähnlich verwendet das Volk noch heute das mhd. bituon im Sinne von concacare, wenn es sich sehr geläufig äußert: die Sache ist bethan! Unsere Wörterbücher kennen weder bethun noch belämmern!

manischen Sprachzweiges, des holländischen, ganz gang und
gäbe findet. Die holländische Bahnordnung schreibt z. B. vor,
daß die spoorwegen (= Eisenbahn) nicht belemmert werden
dürfen, der Kapitän hält sein Schiff für belemmert, wenn
seiner Fahrt durch Verlust der Segel Hindernisse bereitet sind,
der holländische Arzt meint, daß die Sprache dessen belemmert
sei, dessen Zunge in Folge eines Schlagflusses gelähmt ist.
Und da haben wir das Grundwort gleich angewandt, es ist
lahm, das ab. lam, das zunächst zu lamjan (lemman, lähmen,
lahm machen) wurde und als solches in der Zusammensetzung
bilemman = lahm legen, verhindern¹) zu suchen ist. Ähnlich
der Entstehung der oben erwähnten höckern, vergrößern u. a.
ist aus bilemman belemmern geworden, und so will denn
die angezogene Bahnordnung nur sagen, daß man die Bahn
nicht durch irgend welche auf den Schienen angebrachte Hemm-
nisse in ihrem Lauf verhindern darf, so meint der Kapitän,
daß sein Schiff nach Verlust des Segelwerks in seinem Laufe
gelähmt worden ist. Übrigens ersieht man daraus, daß das
von uns dem Holländischen entlehnte Wort allmählich doch in
unseren Gauen eine viel kräftigere Färbung der Bedeutung
erhalten hat, so zwar, daß es uns nicht mehr als bloßes
Verhindern, sondern überhaupt als Bezeichnung des Verlorenen,
Nichtswertigen geläufig ist. Und in diesem Sinne ist denn
auch Mütterchens Erziehungsart belämmert, nicht ein nütz-
liches Mitglied der menschlichen Gesellschaft wird ihr Liebling

---

1) Nicht nur in den deutschen Wörterbüchern findet man das Wort
nicht, auch in dem niederl. Woordenboek van Prof. Franck staat
het (es) niet verklaard (erklärt) und het woordenboek van de
Vries is nog niet tot (= bis zum) B gevorderd (gefördert).
Französische Wörterbücher geben es wieder als obstruer, embarasser,
gêner, empêcher, interposer un obstacle. So sagt man in Holland
het corset belemmert den bloedsomloop, in Frankreich le corset
gêne la circulation du sang, das Korset beeinträchtigt (hindert) den
Blutumlauf.

einst werden, sondern ein Knote, wie der Student meint, ein ungezogener flegelhafter „Patron", dessen Bezeichnung dem ndl. knoet (= Lümmel, Flegel, Tölpel) ihre Herkunft schuldet:

> hy doet roepen as de knoeten:
> ach mijn handen! ach mijn voeten [1]).

Und zwar ist das Wort vom Sohne der alma mater erst der Handwerkssprache entnommen, und Knote nannte zunächst ein Gesell den andern, wenn er ihn seinen Genossen gegenüber als einen sehr ungebildeten Menschen hinstellen wollte.

Und darum, Mütterchen, nicht nur Milde übe, sondern, so schwer es dir auch werden mag, auch zur Strenge raffe dich auf und bedenke und beherzige wohl: Wer sein Kind lieb hat, der züchtiget es.

Gott Strambach! ruft der vielgeplagte Landmann aus, ohne zu ahnen, daß er damit eigentlich den Herrgott auffordert, den bösen Geist der Hölle für seine Frevelthaten auf Erden zu züchtigen, den Bock, wie er in des Mansfelders „Gott Strambock" noch richtig vorhanden und im Volksaberglauben des Mittelalters häufig genug für den Gottseibeiuns eintritt [2]). Straf den Bock ist zunächst Strambock [3]) und dann Strambach geworden. Gott Strambach! grollt er, noch ehe

---

1) Wie die Knoten rief der Fant:
   Ach mein Fuß! ach meine Hand! (Hoffmanns ndl. Volksl.)

2) Für den altgerm. Donar trat zunächst das ihm heilige Tier, der Bock, ein, und als das Christentum den Donar zum Teufel umwandelte, wurde der Bock nun auch diesem gleich gesetzt. Vgl. Söhns: Pflanzennamen, Natur 1884, 41.

3) Dieser volkstümliche Übergang des f zum m vor folgendem n (straf'n Bock) oder m (straf mich zu strammich) findet sich besonders häufig in Sachsen. Mit ähnlicher Lautwandelung ist auch der harzische Rabensberg zum Ramsberge (Babenberg zu Bamberg) geworden.

er seine Arbeit eigentlich begonnen. Was Wunder? Er ist bereits halbermattet, ehe er zur Arbeit schreiten kann. Der Berg, auf dem er den Pflug einsetzen will, ist ziemlich hoch und er hat von seinem Dorfe aus erst das Gewende (nordd. auch Gewenge gespr., von wende mhd. = Ackermaß) um den halben Berg holen, also einen tüchtigen Umweg bis zu seinem Acker machen müssen. Sogar sein Pferd hat darunter leiden müssen: die bösen Dasen, wie der Märker sagt, die Bremsen oder Bremen¹), in denen man nach Grimms Mythologie eigentlich Unholdinnen (= dâsen) verkörpert zu sehen hat, haben ihm unterwegs arg zugesetzt. Mit „hängen und würgen" sind beide so den Berg hinauf klabastert, wie der Norddeutsche in wahrscheinlicher Ableitung des Wortes vom ahd. klaphôn, mhd. klaffen = klappern (agf. clappjan, engl. clap = schlagen, klopfen, also etwa mit Geräusch laufen) meint. Und dazu die tropische Glut der Sonne! Einer starken Wasserverdunstung hatte sich Mutter Erde hinte (nordd.) oder heint (südd.) schuldig gemacht, d. h. heute Nacht, ab. hînaht (aus hia naht = diese Nacht) ²) und frühmorgens hatte ein beinahe undurchbringlicher Duft ihr Äußeres überzogen, der nun freilich nichts mit dem franz. odeur zu thun hat, sondern

---

1) Vom ahd. preman = brummen, daher auch der Schlag an den Kopf, so daß er brummt, in einzelnen Gegenden die Breme gen. wird. In anderen in Anwendung einer älteren Form für Dattel die Dachtel (griech. daktylos = Finger, dem die Dattel ähnlich sieht). Derartige scherzhafte Übertragungen von Früchten auf die genannte Thätigkeit der Hand finden sich ferner in den Bezeichnungen Ohrfeige, Knallschote und Kopfnuß. Indessen wollen Kluge u. a. die letztere lieber mit goth. bnutô = Stachel in Verbindung bringen. Die Maulschelle (auch als Mauschelle oder schlechthin Schelle begegnend) hängt natürlich mit mhd. schellen = schallen machen, also mit dem Factativ von schallen zusammen. Die vielgebrauchte Tolter endlich dankt einer Weiterbildung des ahd. tollôn = streicheln, klopfen (und zwar zunächst das Pferd) zu tolteren ihr Dasein.

2) Ähnliche Bildungen sind heuer (nb. heire) aus hiû jârû in diesem Jahre und unser heute aus hiû tagû an diesem Tage.

in mittelhochdeutscher, dem Thüringer noch heute sehr geläufiger Bedeutung als Nebel, Dunst verstanden sein will. So sagt Wolfram in seinem Parcival vom Gralkönige Titurel, der bem vergeßlichen Helden bei seinem Abgange erscheint:

ich magez wol sprechen âne guft (ohne Übertreibung)
er was noch grâwer dan der tuft (grauer als der Nebel).

Nachdem sich nun dieser Duft verzogen, war es so knollig heiß geworden, als ob sich die Gluthitze der Sonne in einen Klumpen zusammengeballt hätte (= knollen, stammgleich unser zusammenknillen)¹), um mit ihrer ganzen Schwere auf dem Ärmsten zu lasten. Hennich, dabei kann einer doch wohl nach des Märkers Ansicht mit Recht blichrig werden, aufleuchtend im Zorne, wie der plich (= Blitz) der mhd. Sprachzeit? Freilich hennich würde der Leser nur fragen, wenn er zufällig der Mansfeldischen oder Raguhner Gegend mit ihren Dörfern Hinsdorf, Tornau, Thurland u. a. angehörte, nur diese haben unseres Wissens das aus der umlauterzeugenden Zusammenziehung des mhd. hân ich (zu ergänzen wâr, d. h. recht) entstandene Wort, das z. B. der Thüringer durch sein vielgebrauchtes golt (gelle, schweiz. gäll) d. h. darf, mag es gelten? nicht wahr? umschreiben würde. Und doch, was nützt es dem wackeren Klutentreter (nb. klut = Kloß ²), also Erbkloßtreter, Landwirt, dasselbe ist nb. Klutenpedder vom lat. pes, pedis), daß er sich so behat ³)

---

1) Daher auch das Wort knille = bezecht, also etwa = dick, voll. Zu letzterem das biblische „voll süßen Weins" und das studentische „hurrah, wir sind schon wieder voll!" In ursprüngl. Bedtg. erscheint das Wort knollig in Immermanns Münchhausen II 13 in den Worten des Jägers: Nun, das muß wahr sein, die Idyllenschreiber haben uns die Bauernwelt arg verzeichnet! Sowohl die schäferlich zarten, als die knolligen Kartoffelpoeten.

2) Vgl. S. 79.

3) Ähnliche Zusammensetzung wie in sich beginnen S. 35. „Na habe dich man nicht so!" sagt der Berliner, wobei das man (anhalt.

und alles beißt, d. h. auf alles schilt (bair. Ausdruck), was ihm heute in den Weg kommt. Zornig „kriegt er den Pflug zu sacken" (eigentlich sacken = gewaltsam in einen Sack stecken, wie es im Mittelalter der Kämpe wohl mit dem Gegner machte, dann überhaupt derb angreifen)[1]) und stößt ihn heftig in die Erde, die doch so schuldlos an seinem Grimme ist — „wie die liebe Sonne" hätten wir beinahe mit beliebter Volkswendung gesagt, wenn wir uns nicht erinnerten, daß ja thatsächlich Frau Sonne größtenteils den Ingrimm des Mannes verschuldet. Allein, wie gesagt, Nutzen hat er von seiner Erregung durchaus nicht. Im Gegenteil: zent (anhalt. und mansf. sent, das ab. sint = seit[2]) der Zeit seiner Aufgeregtheit geht die Arbeit um so langsamer von statten, um so mehr, als auch der biedere Gaul in Folge der heißen Strahlen des Sonnengottes etwas träge geworden ist und

mant) = nur, verkürzt und verderbt ist aus dem af. newan (mhd. ni-wan) = nichts als, nur. Mhd. hieß sich behaben übrigens festhalten, behaupten, besitzen, daher behäbig, eigentlich = seinen Besitzstand behauptend.

1) Davon abweichend „es sackt sich" = senkt und verdickt, verstopft sich, vom nd. sacken = sich senken, Wurzel sik. Bei Fr. Reuter „let de junge Bom sin Kron dalwärts (mhd. ze tal) sacken". Auch versacken als versinken findet sich in seiner Mundart. Der Nordd. nennt in Einklang damit eine durch Senkung des Bodens entstandene Vertiefung eine Siek. Daher auch die Namen Bartholomäussiek und Röberssiegen bei Günthersberge im Harz. Darüber Näheres: Schulze, Ortsnamen des Harzes in der Ztschr. des Harzvereins XX.

2) Schon in mhd. Zeit sagt man sint dem mâle, eigentlich = seit der Zeit, und dieses wurde dann im Laufe der Zeit grundangebend (causal) gefärbt zu unserem sintemal. Ein anderes zent braucht der Anhaltiner in Redensarten wie zent lang runger (= runter). Dieses zent ist das letzte selbständige Überbleibsel des goth. sinths (= Reise), ahd. sint = Weg, Richtung, das wir sonst nur noch in unserem Gesinde (und seiner verächtlichen Verkleinerung Gesindel) besitzen, welches über goth. ga-sintha = Reisegefährte, ahd. gisinthi = Gefolgschaft zu der heutigen Bdtg. sich entwickelte.

nur langsam daher schreitet, so sehr ihn auch sein Herr durch Anschreien zur Eile zu treiben sucht. Und schreien kann unser Landmann „aus dem f. f.", also genau so kräftig, wie das zu Grunde liegende f. f., das fortissimo der italienischen Musik nur verlangen kann. Dafür hat er aber auch, um mit dem Norddeutschen zu reden, einen kräftigen Kijak, eine Kehle, wie sie sonst nur der volkstümlichen Gans zur Verfügung steht, deren wie kijak klingendes Geschrei geradezu für das Organ eingetreten ist, mit dem sie es hervorbringt. Und wenn das alles nicht hilft, so wird nicht lange mehr gefackelt, d. h. gezaudert, wie das nd. Wort meint, nicht ungewiß nach Art der Fackel hin und her geschwankt, sondern der alten Göhre, will sagen, dem elenden Tiere, dessen Benennung mit dem goth. gaurs = betrübt, traurig, dem ahd. gôrag = erbärmlich und der gôringi = trauriger Zustand, Elend stammlich zusammenhängt, möglicherweise auch der erst seit dem 16. Jahrh. in Deutschland auftauchenden alten Kracke[1]) ein tüchtiger Schlag versetzt. Allein „es komme, was auch kommen mag, die Stunde rennt durch den schlimmsten Tag", — auch der Mittag ist endlich herbeigekommen, alleweile, d. h. al die wile = genau in dem Zeitpunkte, jetzt[2]), beendet unser Landmann seine Arbeit und schickt sich

---

[1]) Das Wort soll auf das ital. caracca zurückgehen, das eine Art großes schwerfälliges Schiff bezeichnet, daraus soll sich in etwas unklarer Weise im nd. die Bedtg. altes gebrechliches Haus, und daraus wieder, auf unser Tier übertragen, die Bedtg. altes gebrechliches Pferd entwickelt haben. Sollte es nicht näher liegen an das nd. kracken (= krachen) zu denken? Ein Pferd, das aussieht, als ob es jeden Augenblick kracken (= zusammenkrachen) könnte?

[2]) ahd. hwila, mhd. wile = Weile, Zeit. Daher ein Weilchen, Langeweile u. s. w. Das all in alleweile verstärkt das Grundwort, wie in allda, allbereits, all=eine. Mhd. heißt sonst al die wile die ganze Zeit hindurch. Bair. ist allweil = immer und entspricht dem mhd. alle wile = alle Zeit.

Und a bissel a Lieb und a bissel a Treu,
Und a bissel a Falschheit is allweil dabei.

zum Heimgange an. Doch was stutzt er? Hat er ernte (eigentl. = irgendwo von af. hwergin, nb. eren und erent)[1]) etwas vergessen? Ei freilich, erst muß die Pfeife in Brand, und dann geht es erst in Ruhe gen Hause zu. Aber noch zwei unliebsame Ereignisse stehen ihm bevor, ehe er zu Haus anlangt. Kurz vor dem Dorfe möt ihn einer seiner Nachbarn, dessen Anblick ihn zwar nicht gerade angenehm berührt, der uns aber um so erfreulicher sein muß, weil er uns Gelegenheit giebt, der Thätigkeit jenes Nackfers — so hat der Mansfelder das ältere Nackber verderbt — dem moeten etwas näher zu treten. Hey moet mik oder hey komt mik in't gemoete[2]), wie der Bewohner der nördl. Meeresküste meint, heißt: er begegnet mir, und wir haben in diesen Wendungen das anziehende Überbleibsel des in alter Zeit vielgebrauchten af. motjan, ahd. muotan, ags. mētan (engl. meet), das auch der Niederländer noch als moeten besitzt:

  wat isser mijn waerde vroutje geschiet,
  dat si mi niet entkomt te moeten[3]),

meint stutzig Graf Gerhard van Velsen in dem von ihm und dem Grafen Floris handelnden niederl. Volksliede, und es darf als sicher gelten, daß das Wort nicht erst von den Seefahrern der Küste den Engländern entlehnt, sondern als selbständige Erhaltung des in altd. Zeit in Gesamt-Deutschland vielgebrauchten muotan anzusehen ist.

 Warum ist aber unser Landmann so ergrimmt über diese meeting, wie sich unsere Tagesblätter heute ausdrücken? Er mag den Nachbar nicht leiden, so niederträchtig d. h. im

---

 1) Die heutige (besonders die sächsische) Volkssprache, welcher die Abltg. des Wortes nicht mehr bewußt ist, verwendet es im Sinne von etwa. Die urspr. Bedtg. zeigt deutlicher die nb. Verneinung nēren = nirgend.

 2) Braunschw.: hey komt mik in de moite, mecklenb. in de möte.

 3) Was ist nur meiner lieben Frau geschehen,
  Daß sie mir nicht entgegenkommt. —

Gebrauche des Mecklenburgers: so leutselig und herablassend ¹) sich derselbe ihm gegenüber auch stets zeigt, er beneidet ihn, weil derselbe reich, sehr reich ist, und ärgert sich über ihn, weil er seine Tage in verdammenswerter Unthätigkeit verbringt. Der reiche Nachbar aber hat es nicht mehr nötig, zu arbeiten: er hat sein Schäfchen ins Trockene gebracht und seine große Weifenmühle bringt ihm jahraus jahrein bedeutende Summen ein. Was ist eine Weifenmühle? Es ist die nordd. Benennung für Kornreinigungsmühle, in welcher das Korn durch Rad und Schwungschaufel von der Spreu gesondert wird. Das Wort enthält die germ. Wurzel wip, wie sie im goth. veipan, ahd. wîfan, mhd. wifen, engl. whip (lat. vibrare schwingen) = winden, windend schwingen, uns vor Augen tritt, und der in ihr enthaltene Begriff der Schnelligkeit der Bewegung, liegt er nicht auch in unseren wupptig und mit einem Wupp? ²) Auch die Redensart Wippchen (machen) gehört hierher und bedeutet demnach eine kurze und schnelle Schwingbewegung, etwa einen „Schnellerich" mit dem Finger machen. Wer aber seine Kindheit in einem anhaltischen Dörfchen verlebt hat, wird sich außerdem eines unterhaltenden Kinderspieles entsinnen, in welchem man eine Anzahl kleiner Steine oder Bohnen mit der offenen Hand in die Höhe wirft, mit der Rückseite der Hand fängt, mit derselben wieder hochschwingt und endlich mit der offenen Hand wieder auffängt. Und auch dieses hübsche, zumeist von Mädchen geübte Spiel trägt in seiner Benennung wippen (gew. gespr. fippen) den alten Wortstamm und die alte Bedeutung desselben unverkennbar zur Schau ³).

---

1) Ähnlich gebraucht der Süddeutsche gemein als herablassend. Beide Worte stehen hier in ursprüngl. Bedtg.

2) Kopisch in den Heinzelmännchen hat wapp. „That der Gesell die Augen auf, Wapp, hing die Wurst schon da zum Ausverkauf".

3) Auch die Wipper, „der schnellende oder sich schaukelnd bewegende Fluß" hat daher ihren Namen.

Und doch, wie wenig hat der thätige Mann des Ackers Grund, den reichen Müßiggänger gerade heute zu beneiden! Wenn er „in den Hosen desselben steckte", wie schnell würde er sich heute wieder herauswünschen! Der Weisenmüller hat gestern Abend beim Kegelleich, d. h. Kegelspiele (goth. laiks Tanz, an. laikr Spiel, ags. lac ¹), mhd. leich) des Guten etwas zu viel gethan. Er ist nicht zachbeutelig (nordd.), nicht zach (= zähe) im Beutelziehen, giebt gern Geld aus, hat mit guten Freunden tüchtig gezecht und lecker geschmaust und hat in Folge erstgenannter Thätigkeit heute das Gefühl, als ob ihm der Bregen (= Gehirn, ags. braegen, engl. brain, zu griech. bregma und bregmos) im Kopfe hin und her schwappern ²), schülpe, wie der Braunschweiger wohl mit Benutzung der Wurzel skib (schieben) sagt, der denn mit Zusammensetzung beider Worte dies ganze Katergefühl ein Bregenschülpen ³) nennt. Das nur in Norddeutschland gebrauchte Bregen begegnet ganz besonders häufig in Braunschweig und Hannover, wo man es z. B. in der beliebten Bregenwurst (= Hirnwurst) kennt, welche zwar dem Namen

---

1) Daher auch der Personenname Gerlach, der am Speerspiel Gefallen Findende. Auch unser Wetterleuchten hieß ursprüngl. weterleich, gleichsam (Kampf-) Spiel des Wetters, erst Volksableitung hat den letzten Bestandteil des Wortes in leuchten umgewandelt. Vgl. Andresen: Volksetymologie.

2) Davon schwapp, den Schall eines schnellen Schlages bedeutend und eigentl. der Imperativ von schwappen, d. h. einer Flüssigkeit ähnlich hin und herschwanken und daraus schwappeln und schwappern. All diesen Worten liegt die germ. Wurzel swip = schnelle Bewegungen machen, zu Grunde, die auch in unserem schwupptig steckt. Ein schwipper Kerl aber ist dem Nordd. ein rasch beweglicher, dann auch magerer Mensch.

3) Ähnlich wird in der Mark das Wort bregenklieterig und klöterig, vom nd. kloeten (ahd. kloezen) = heftig reißen gebraucht, also etwa ein Gefühl bezeichnend, als ob es im Gehirn heftig hin und her rucke. Man sieht, beide Worte haben fast übereinstimmenden Be-

nach der ital. cervellata (lat. cerebrum = Gehirn, davon ital. cervello = Hirn und cervellata = Hirnwurst), unserer Cervellatwurst, völlig entspricht, keineswegs aber der Sache und dem „Inhalte" nach, wie der wurstkundige Norddeutsche weiß. Zur Herstellung unserer Cervellat= oder Schlack= oder Metwurst wird nicht das Hirn verwandt, ohne welches die Bregenwurst nicht denkbar ist.

In Folge letztgenannter Thätigkeit des Vorabends aber hat sich der reiche Müller eine gar niedliche Küwekenschnute d. h. eigentlich Kühchenschnute geholt, also einen Mund, der dem auf beiden Seiten anschwellenden, hier und da auch mit Ausschlag besetzten Maule der frommen Kuh (mhd. kuowe, verkleinert nd. küweken) nicht unähnlich sieht[1]). Allein das Alles bemerkt unser biberber Landbewohner in seinem heiligen Zorne nicht, er beneidet ihn und ärgert sich doch über ihn, wie er sich überhaupt über die ganze nichtsthuerische Klike (frz. la clique = Rotte, mansf. sogar Klinke) erboßt. Und da muß ihm zund (= jetzt, mhd. iezuo, iezunt, sächs. itzen) auch noch aus vollem Halse quäkend (mit Umlaut vom Stamm quak = schreien gebildet), so daß ihm die Thränen piplings[2]), also wie aus einer Röhre (= pip, lat. pipa, engl. pipe, Pfeife) über die Backen laufen, sein kleines Gör, das engl. girl, welches ursprünglich auch für Knabe gebraucht wurde, in den Weg laufen! Das arme Kind ist so gejachtert (mb.), d. h. schnell und ausgelassen herumgelaufen, wie das mhd. Stamm-

---

griffsinhalt. Übrigens wie bezeichnend beide für die höchste Entwick= lungsstufe des sogenannten Katers!

1) G. Schambach in seinem Wörterb. der nd. Mundart kennt auch ein kiwwekeu = Ferkel, das die Verkleinerung von kibben (= Weibchen einzelner Tiere, so besonders von Schweinen, Ziegen und Schafen) ist und unserem Worte folglich die Bdtg. eines Ferkelmauls verleihen würde, das ebenfalls bisweilen mit allerlei aussatzartigen Flecken bedeckt erscheint.

2) niederd. Wort.

wort gâch (jäh) ¹) = schnell, das Wort gebeutet wissen will, hat dabei den Stein des Anstoßes vor den Füßen völlig übersehen, ist in Folge dessen auf die jugendlich empfindliche Nase gefallen und barmt nun dem an sich schon isegrimmigen Vater auch noch alles Mögliche von seinem Unglück vor. Freilich ist barmen nun nicht das ahd. parmên, das schon in alter Zeit die Bedtg. des erst viel später von ihm aus entstandenen erbarmen zeigt, sondern bezeichnet das Klagen und Jammern, mit welchem man den barm (as. = Schoß, Busen) jemandes zu rühren, zu er-barmen suchte. Dieses alles will ich dir geben, spricht Satan im Heliant zu Christus auf dem Berge, ef (engl. if = wenn) thu bedôs te mînun barma, wenn du zu meinem Schoße betest, wenn du dich mit Gebeten und Bitten an mich wendest, und man sieht, daß von diesem Gebrauche des barm ausgehend, die Bildung eines barmen, d. h. jemand mit Bitten oder Klagen angehen, nahe genug lag.

Eine wunderbare Macht liegt in der Kindesthräne, — das muß auch unser rauher Landmann erfahren. Das Vaterherz regt sich in ihm und drängt alle herberen Gefühle in den Hintergrund, der Anblick des Kindes, so ungelegen es ihm zunächst auch kommt, rührt ihn, er kann seinen Liebling nicht weinen sehen, und während er nun die Kleine tröstet und ihr liebevoll zuspricht, beruhigt sich das eigene Innere, so daß er nunmehr ohne Heftigkeit seinem Heim zueilen kann, in welchem derweile ²) (mhd. die wîle) die züchtige Hausfrau ein ausgesuchtes Mahl für ihn zubereitet. Es ist seine Leibspeise, die da vom saubern Tischchen her ihm entgegendampft:

---

1) In gleicher Bedtg. erscheint auch jachern, thüring. jächen und die sächs. Jäche = Durchfall. Vgl. dazu Gahde S. 11. Schiller hat in den Räubern (III, 2) mundartlich die der gleichen Abltg. angehörige Jast.

2) Dafür auch unterweile, mhd. underwîlen inzwischen, aber auch = von Zeit zu Zeit, bisweilen. Mecklenb. wildeß und ähnlich mitbewil = mittlerweile.

Klump (ab. klimphen = zusammenpressen) mit gählen (mhd. gel, gelwes, ital. giallo gelb) Birnen, Kloß (oder Kluß)¹), wie der Thüringer mit Benutzung des mhd. klôz (der und daz) = geballte Masse, sagt, dessen „Waldklöße" weit über ihre engere Heimat hinaus einer besonderen Beliebtheit sich erfreuen, und Kluns (Mehrzahl Klinse) im Munde des Mansfelders²). Und welch ein prächtiger Kraut- oder Kohlsalat ladet zum Nachtisch ein! Gut und billig, denn die Krauthebe, die der Sachse Krautheite, der Anhaltiner, Märker und Schlesier Krauthiebe oder bloß Hiebe d. h. Krautköpfe (engl. head = Kopf und cabbage-heat = Kohlkopf) nennt, hat der wirtschaftliche Strom (nd. = Landwirt, vgl. Reuters Stromtid) selbst im Garten gezogen. Schnell wird nun das kurze Tischgebet gesprochen und dann fest darauf los gespachtelt³), d. h., es wird versucht, die etwas zähe Speise spachen (= bersten) zu machen: wie die Hand die ahd. spacha (= dürres Reisholz) zerbricht, suchen die urgesunden Zähne des Landmannes den Klump zu spachteln. Nach Tische aber darf wieder nicht lange getröbelt werden, d. h. der Wackere darf sich nicht erst lange zwecklos hin und her drehen, wie die gleichstämmige trendel⁴) (= Kugel, engl. trendle = Rolle, Walze) des Mittelhochdeutschen, er darf nicht zögern, sondern muß rüstig wieder zur Arbeit schreiten. Wenn aber „am

---

1) Daher kloßen (klußen) = massenhaftes und meist albernes Zeug reden. Der Name Klußmann wird indessen weniger diesem Worte, als vielmehr der clûs (= clusa Klause) seine Entstehung danken.

2) Die Eigenheiten der Mansfelder Mundart stellt erschöpfend zusammen R. Jecht in der Zeitschr. des Harzvereins XX.

3) Spachteln ist ein bair. Wort. In Norddeutschland begegnet nur noch spach und spak, so sagt der Märker: „Das Faß wird spach bei der Hitze", d. h. das Holz des Fasses wird so aller Feuchtigkeit bar, daß es zu bersten beginnt.

4) Kluge läßt tröbeln wie trendeln auf die germ. Wurzel trand = sich kreisförmig bewegen, zurückgehen. Dazu stellt sich auch tröbeln

Abend sinkt die Sonnen" und er zur Tagesruhe heimgekehrt ist, da beginnt er zu tüfteln (mhb. tüften und tüftelen), d. h. eigentlich seinen Kopf schlagend zu zerarbeiten, sich den Kopf zu zerbrechen, ob es denn keinen kürzeren Weg gebe, zur Wohlhabenheit zu gelangen, als den der Arbeit. Und wieder fällt ihm das Glücksspiel ein, die lockende Lotterie, die er schon längst auf dem Kieker gehabt, nach der er schon seit Langem gekikt oder gekükt (nd. Kikut = Guckaus, Luginsland, engl. keek) hat, wie man im 16. Jahrh. sich ausdrückte [1]), und er gewinnt es nach einigem Schwanken über sich, ein Los zu nehmen. Er kann leicht einen Gewinn gezogen haben, denn das Los war das letzte, welches der Verkäufer, der sogen. Collecteur, besaß. Und siehe, das Glück torkelt (mhb. = taumeln, von turc = Taumel, Sturz) auf ihn zu, er „hat Torkel" (Turkel) [2]) und gewinnt — kaum weiß er vor

---

= sich draußen im Geschäft umthun, Handel treiben, und Trödelmarkt ist mhb. = Trendelmarkt. In der Magdeburger Gegend heißt „seinen Trödel mit Jemand haben" so viel als mit ihm Spaß treiben. In gleichem Sinne hat der Sachse seinen Lott'ch mit jemand, und dieses Wort ist stammgleich mit mhb. daz lotar = leichtfertiges Wesen, Spaß und der loterie = Leichtfertigkeit, Lotterei. Daher auch das herumlottern, lotterig und der Lotterjan.

1) Heute bedeutet „Einen auf dem Kieker haben" auch, ihn scharf beobachten, um ihm gelegentlich etwas „am Zeuge zu flicken". Etwas anderes ist jemanden kiken, d. h. ihn mit irgend einem spitzen Werkzeuge stechen, vom engl. kick = stoßen. Dem Sinne nach ähnlich ist des Niederdeutschen pricken und prickeln, von as. pricca, engl. prick = spitzes Instrument. Daher auch heute unsere prickelnden Empfindungen. „Er hat es geprickelt", sagt der Braunschweiger, wenn er andeuten will, daß Jemand im Kartenspiele das Aß des Gegners gestochen hat.

2) Ähnlich sagt man auch: „Er hat Dusel", das denn eigentlich den Schwindel, die Geistesbetäubung bedeutet, in welcher jemandem, ohne daß er sich dessen recht bewußt ist, irgend ein Glück zufällt. „Im Dusel sein" heißt in Folge übermäßiger alkoholischer Genüsse berauscht sein. Der Dusel (gespr. Duffel = Geistesschwacher) ist ein in Nord-

Freude, wie er bekökelt¹) ist — eine Summe, die ihn mit einem Schlage zum wohlhabenden Manne macht. Und nun? Wie gewonnen, so zerronnen? Gilt auch von ihm das nd. Wort: wenn ut dem büdel en sack ward, denn röget sik alle timpen?" Wenn aus dem Beutel ein Sack wird, dann regen sich alle Zipfel (nb. timpe²), engl. tip), dann wird der Beutel übermütig und dehnt und bläst sich auf, bis er — in Nichts zerplatzt? Weit gefehlt. Der ohne Thätigkeit kein Leben kennende Mann legt auch fernerhin die Hände nicht in den Schoß, sondern benutzt das gewonnene Geld weislich zur Erweiterung seiner kleinen Wirtschaft und macht sich so durch rüstiges Schaffen des Geschenkes würdig, welches ihm das Geschick, das wir kurzsichtigen Sterblichen Glück oder Zufall nennen, in die Arme geworfen hat. Und wenn er bereinst sein müdes Haupt zur ewigen Ruhe gelegt, wenn man ihn in die enge Bullerkule d. h. in die Kule³) (mhd. kûle =

---

und Mitteld. vielgebrauchtes Schimpfwort. Der Nordd. hat das Wort ferner in seinem düsig (dösig, engl. dizzy) und Düslopp. Auch der Schweizer hat ein düslig, das einem ahd. tusic = geistesschwach entspricht, welches, wie die ganze Sippe, auf die germ. Wurzel dus zurückgeht. Das Zeitwort duseln braucht Lessing in einem Briefe an seinen Freund Eschenburg, wenn er diesem nach dem Tode seiner Frau in trüber Resignation schreibt: Ich muß nun wieder anfangen, meinen Weg allein zu duseln.

1) Vgl. gökel S. 58.
2) Wer kennt nicht die berühmte „viertimpige Müt" des Entspekter Zacharies Bräsig!
3) So kult man in Norddeutschland die Zuckerrüben ein, wenn man sie hügelartig über einander schichtet und dann mit schützender Erde bewirft, also sie gleichsam eingräbt. Der ganze mit Erde umgebene Rübenberg heißt dann Rübenmiete. Miete (auch der Strohdiemen, die südd. Feime so gen.) entstammt dem lat. meta = Spitzsäule, dann überhaupt jede kegel- oder pyramidenförmige Figur, ital. meta = Misthaufe, span. meda = Haufe Garben. Kule ist mundartlich Kaule (nicht zu verwechseln mit Kaule = Kugel aus mhd. kûl, einer Zusammenziehung aus kugele vgl. S. 99), so in den Kaul-

Grube) gebettet, in welche alle Menschenkinder einmal geworfen (gebullert oder gebollert vom mhd. bolen, boln werfen, dazu griech. ballein) werden, dann hat sich die Thräne vom Herzen losgerungen, die Alt und Jung dem Wackeren nachweint:

Dann suchen Enkel seine Gruft,
Und weinen Thränen drauf,
Und Sommerblumen, voll von Duft,
Blühn aus den Thränen auf. (Hölty, der alte Landmann.)

Manche Not und herbe Pein
Hat das Dorfschulmeisterlein —

singt Victor von Scheffel, und wer wollte ihm nicht beistimmen? Soll es den ehrsamen „Meister von der Schul" nicht im Innersten empören, wenn er sieht, wie die bösen Buben, die in seiner Gegenwart so ruhig und still dasitzen, als wenn keiner von ihnen das bekannte Wässerchen trüben könne, in allerlei unerlaubten Zerstreuungen sich ergehen, sobald er einmal, um zu verschnaufen, einen Augenblick dem Klassenzimmer den Rücken gebreht? Verflogen sind dann plötzlich alle die Manschetten, die sie sonst vor ihm, d. h. eigentlich zum Schutze vor ihm haben, wie der Fechter die manchettes de botte (= Stoß, vgl. S. 38) und manchettes de guêtre (= Gamaschen), also die Stulpen, mit denen er die Hand (lat. manus, zu ital. manica Ärmel = frz. manche, verkleinert manchette) oder das Bein (frz. la jambe, daraus la gamache)¹) vor dem Stoße des Gegners nach dem Hand-

---

wiesen des Harzes und in der westlich von Harzgerode gelegenen Schinderkaule, in welcher der Schinder totes Vieh enthäutete. Der Kasper unserer Marktbuden (Kasperlebuben) redet anstatt von der Bullerkule von einem gleichbedeutenden Bullerloch.

1) Auch das Wort Gamasche wird figürlich wie Manschette gebraucht: „höllische Gamaschen vor etwas haben" ist in Nord- und Mitteldeutschland ein sehr geläufiger Ausdruck.

ober Fußgelenk, also im Allgemeinen vor einem coup de manchette zu decken sucht. Es geht überaus krägel her, wie der Harzer mit Anwendung des nur in seiner Heimat noch erhaltenen ahd. chragil (eigentl. = munter schwatzend) sagen würde, die Gesellschaft ist „mächtig kräwisch", zum Schreien und Krähen (mhd. krêwen von crâa, crâwa = Krähe) sehr aufgelegt und macht daher einen Krambol (von caramboler mit einem Billardballe die beiden anderen treffen) und den bekannten, dem nd. krakeelen (aus schwed. kräkla = zanken und kräkel = Zank, Haber, dazu die germ. Wurzel crac, frz. craquer) entsprungenen Krakeel[1]), daß dem unparteiischen Zuschauer sämtliche Haare zu Berge stehen würden. Etwas abseits von dem Trubel (lat. turbula aus turba = Lärm, frz. trouble) hat sich eine „Preßwurst" gebildet, d. h. einzelne Insassen und Nichtinsassen der Bank suchen ihre Leiber auf derselben in möglichst enge, den Atem einschnürende Berührung zu bringen, ohne darauf zu achten, daß die vorher glatten Gewänder in Folge dieser ungehörigen Reibungen allerlei Falten und knotenartige Auswüchse (mhd. knurre, knorre) erhalten, also knurklich (Abv. von ahd. chniurig = knotig) werden müssen. Und wie es erst um die Tolle aussieht, d. h. um die Tragart der Haare, deren Benennung man es kaum noch ansehen dürfte, daß sie eine süddeutsche Umformung aus der Dolde, d. h. Pflanzenkrone ist, die ihre Übertragung auf das Haupt des Menschen gefunden hat! Andere üben eine Thätigkeit, welche dem ahd. sciopan (= schieben, Wurzel skip vgl. S. 76) ihr Dasein verdankt, sie schuppen einander und knuffen[2]) (nbl. knuff = Faust-

---

1) Allgemein auch Krawall, mlat. charavallium, wohl mit provenc. caravil = Katzenmusik zusammenhangend.

2) Dagegen knifflich in Redewendungen wie „das ist eine kniffliche Geschichte, ein kniffliger Fall" von kniff (nb. knêp) = hinterlistiger Kunstgriff, also etwa eine Sache voll verschmitzter Kunstgriffe.

stoß, mit Übergang des l zu n aus kluphôn, clofôn schlagen) auf den Gegner los, daß diesem Hören und Sehen vergeht. Mehr im Werfen Geübte entledigen sich ihrer **Latschen** d. h. der Schuhe, in denen sie sonst träge hin und her latschen (ahd. lazzôn von laz = träge, lasch, as. und nd. noch heute lat, engl. late) und zielen damit tan Strid, wie der Mecklenburger meint, in eblem Wettstreit nach den Köpfen ihrer jugendlichen Mitmenschen, benutzen zu diesem Zwecke auch wohl allerlei Obst, besonders wenn es **rosch** (zu mhd. rôzen = mürbe, faul machen, wie lasch aus laz, so rosch aus roz)[1] ist, oder kriegen endlich dieselben aus **Boßt** (sächs. = Boßheit) beim **Kripse**, den man nun freilich in Hinblick auf seine Herkunft vom mhd. grübiz (= Kehlkopf) besser **Grübs**[2] schreiben und sprechen sollte. Und alles das, besonders die geschleuderten Gegenstände, berühren den Getroffenen um so schmerzlicher, als unter den Werfenden schon ganz **hartliche**[3] (ahd. hart = fest, ags. heard = stark, engl. hardy = stark, verwegen) Kerle sich befinden, die es wohl verstehen, dem Wurfe den gehörigen Nachdruck zu verleihen. Einem der Unschuldigsten, der soeben, angetrieben von einem tüchtigen **Grat**[4], dessen Benennung er sicher mit dem as. grâdag = gefräßig (im Heliant wird das Feuer so gen.) und dem agf. graedig = gierig in Zusammenhang bringen müßte, nach einer Butterstulle gegriffen, wird dieselbe von gewaltthätiger

---

1) Daher auch das braunschw. biruschen = Obst in Heu ob. Stroh verstecken, damit es mürbe werde.

2) Das Wort bezeichnete außerdem im mhd. auch das Kerngehäuse des Obstes, und noch heute nennt der Sachse unreife Äpfel und Birnen „**Griebse**".

3) Ähnlich auch **gätlich**, aus mhd. getelinc (goth. gadiliggs) = erwachsener Bursch, heute nur noch adjectivisch im Gebrauch, etwa = stramm, kräftig.

4) Etwas anderes ist der Grat = Spitze (mhd. grât), auf dem in Schillers Alpenjäger die zitternde Gazelle „hängt", und den wir in unserem Grattier und in den Gräten (= spitzen Fischknochen) besitzen.

Hand entrissen, und die Folge davon ist, daß jener, an sich schon ein Nälpeter (das nd. näselig läßt das Wort als eine Zusammenziehung von mhd. neselen = durch die Nase sprechen, erscheinen, wie es ja thatsächlich der Nälende thut) darob laut, aber sehr erfolglos zu rohren beginnt. Natürlich nur, wenn seine Heimat Niederdeutschland ist, denn nur dieses (und besonders die Sprache Reuters) hat das ab. rerēn = blöken [1]), laut schreien (engl. roar) bis heute erhalten [2]). Einer dieser Rangen hat sich gar eine Bulle Wasser (germ. Butte = Gefäß, ital. botta, verkleinert bottiglia, frz. bouteille und daraus Budel und Bulle) mitgebracht, eigens zu dem Zwecke, ihren Inhalt bei passender Gelegenheit auf die Köpfe seiner lieben Mitschüler zu entleeren, und das thut er denn auch förfötsch (mecklenb.) d. h. indem er immer vorwärts geht mit den Füßen (vot), also ohne Unterlaß, bis die Flasche leer ist und dann, von Hand zu Hand geworfen, endlich der nb. Fensterrute [3]) (= Scheibe, Raute) zufliegt, die in Folge dessen klirrend zu Boden fliegt, und es wird schwer halten, den Fritz Reuter'schen allkundigen Rad'maker ausfindig zu machen, der sie kostenlos wieder herstellen könnte. Kostenlos — denn mit dem Berappen, das seine Entstehung auf die Münzen der Stadt Freiburg i. Br. zurückführt, welche im 15. Jahrh. einen Raben (= Rappe, wie Knappe aus Knabe), ursprünglich freilich wahrscheinlich den Adler der Zähringer, im Wappen führten [4]), mit dem Berappen wird es noch viel

---

1) Von blöken auch mit Buchstabenumstellung bölken gebildet. Bei letzterem an das an. bylja = hohl schallen, denken zu sollen, scheint uns zu gesucht.

2) Beim Weidmann röhrt der Hirsch.

3) Die rūte (nbl. ruit = Viereck) ist ein verschobenes Viereck, in dem ein Fensterchen angebracht ist, wie man dergleichen noch heute häufig an alten Schloßbauten wahrnimmt. Später hat das Wort überhaupt die Bedtg. Fenster erhalten.

4) Alte Blechmünzen jener Zeit, wie sie uns vorlagen, zeigen eher einen Adler= als einen Rabenkopf. Übrigens hatte der „Rappen= pfennig" einen Silberwert von M. 0,04286. Vgl. dazu unser blechen.

schwerer halten, da bekanntlich bei der unvermeidlichen Unter-
suchung es stets „Niemand gewesen" sein will. Und gerade
der Allerletzte der Klasse, obschon nur so ein Busselchen
(vom Zeitw. bosseln = kleine, zierliche Arbeit machen, frz.
bosseler, davon unser herumbusseln), so ein Bovies oder
Bubenfist, d. h. nicht größer und inhaltreicher als der bekannte platzende und übelriechende Bovistschwamm, ist überall
bei der Hand, wo es gilt, seine Genossen zu bisacken, zu
quälen und zu peinigen, wie das erst in unserem Jahrh. gebildete, übrigens seiner Ableitung nach bisher unaufgehellte
Wort gedeutet sein will [1]). Und der Rabau, den dieser
kleine Nichtendocht (nb. = Taugenichts) macht, dankt
dem frz. radot = albernes Geschwätz, Faselei seinen Ursprung,
dessen Bedeutung allmählich nach Übernahme des Wortes zu
dem heutigen „Lärm" sich steigerte [2]). Freilich „einstecken"

d. h. mit einer Blechmünze zahlen. Ein anderes Berappen, das
wir (obwohl Kopisch es in seinen Heinzelmännchen hat) bisher in keinem
Wörterbuche gefunden, begegnet in Nordd., es ist daselbst die allgem.
Bezeichnung für das Überkalken des eben gebauten Hauses, wodurch
die Fugen zwischen den einzelnen Steinen, ausgefüllt werden und das
durch Anschlagen, „Anklacken" des aus Kalk und Sand gemischten
nassen Stoffes vermittels der Mauerkelle geschieht. Es ist das ahd.
raphen, mundartl. rappen = mit einer Kruste etwas überziehen,
was vorher lückenhaft war, engl. rap. Dasselbe ist nd. verkleiben
(kleben). Nach Errichtung des Hauses findet die Kleiberkost statt,
ein Schmaus, bei dem alle Dorfleute zusammenkommen und die Wände
mit Lehm überkleiben.

1) Wir führen es zurück auf engl. be-seek, altengl. bi-seke =
Jemandem mit Bitten zusetzen, ihn quälen, dessen letzter Bestandteil
seek = suchen, urverwandt ist mit ags. sacu Streit, Fehde (Sache)
und sakan = tadeln, schelten.

2) Dasselbe Wort steckt auch in Radomontade = Prahlerei,
Lärm, „Radau", und die Radomontaden danken wieder ihren
Namen Radomonte, dem bekannten Prahlhans der Heldengedichte
Bojardos und Ariosts. Die eigentliche Bdtg. des Namens ist Berg-
wälzer, stellt den Großsprecher also gleichsam als einen Menschen dar,
welcher thut, als ob er Berge wälzen könne.

will der kleine Pepo, der nach thüring. Ansicht nicht größer ist, als ein rundlicher Kürbis (lat. pepo), durchaus nichts, sondern lediglich austeilen. Sobald er, von längeren und kräftigeren Armen erwischt, auch seine Heimzahlung erhalten, zieht er einen „riesigen Flunsch", d. h. beginnt er das Gesicht zum flennen (lat. flere, ahd. flannen = das Gesicht verziehen zum Lachen wie zum Weinen) zu verziehen, macht er einen mhd. vlans, dem der Franzose des 13. Jahrh. als flan = Schießscharte (einem geöffneten Munde vergleichbar) in seiner Sprache Heimatsrecht gab und den wir mit Vokalwechsel in unserem Flunsch noch heute besitzen.

Verdiente derartiges Kropzeug (von krûpen[1]) = kriechen, engl. creep, also kleines Volk), wie Fritz Reuter die beiden lütten Druwäppeling (Traubenäpfel) Lining und Mining nennt, verdienten diese Galgenschwengel, von denen, wenn es überhaupt noch Galgen in unseren civilisierten Staaten gäbe, gar mancher die beste Aussicht haben würde, zu einem schwengel (= Klöpfel) in ain veldglocken[2]) (scherzhaft bildlich = Galgen) erhöht zu werden, etwas anderes, als cum infamia geschaßt (frz. chasser, jagen, verjagen) oder gestänzt (aus ags. stintan, engl. stunt = in der Fortschreitung, im Wachstum hemmen) zu werden? Aber paßt Achtchen (verschmolzen aus aufpassen und Acht geben), Eure Uhr ist abgelaufen, gleich wird er wieder erscheinen, der herbe Pädagog, und er quängelt nicht lange (heute etwa = zögern, eigentl. mit dem sehr häufigen Übergange von tw zu qu vom mhd. twengen = drücken, Gewalt anthun) und dann wird die „Geschichte" für Euch sehr klaterich werden, sehr unsauber und zerfetzt, wie das nb. klâter = Fetzen[3]), Dreck,

---

1) Daher auch der nb. und mb. Ausdruck kruperig = klein, am Boden kriechend: z. B. Krupererbsen. Vgl. Kröpel, S. 96.
2) Vgl. Ad. Keller: Alte gute Schwänke. Nr. 32.
3) „Der Dreck hängt ihm in Klatern am Leibe herunter", sagt das Volk. Und Reuter meint in der bekannten Bräsigschen

Kot (damit gleichstammig die nb. Klabbe, entweder das Heft, in das der Schüler alles Mögliche einträgt = Diarium, oder die noch nicht ins Reine geschriebene Arbeit) eigentlich sagen will, oder sehr kricklich, das nun heute nicht mehr in der Bedtg. zänkisch, streitig verwandt wird, die sein Grundwort, das oben erwähnte krickeln, kräckeln (vgl. S. 83) verlangen sollte, sondern in Folge vergessener Ableitung etwa den Sinn von mißlich erhalten hat. Wie der Deuwel Zamel (= Samuel) Pomuchelskoppen, wird der Gestrenge Euch beim Kanthaken kriegen und Euch genau so rücksichtslos angehen, wie der niederd. Landmann seine mit einem eisernen Haken versehene Stange zum Umkanten oder Umwälzen der Balken handhabt. Und siehe, das Unheil schreitet schnell, soeben „tritt er bitter in die Thür", erfaßt eine der ihm entgegentaumelnden Gestalten und stumm wirds ringsum. Allein der biedere Schulmonarch hat heute seinen Unglückstag, er hat gerade einen seiner Lieblingsschüler erwischt, der sonst ein ganz fleißiger und sittsamer Knabe ist und heute, nur durch die andern verführt, fast wider Willen mit in den Taumel gezogen wurde. Und Tags zuvor hat ihm der Vater des Verführten erst eine Kenzelie übersandt, deren Ableitung von den drei keltisch-irischen Worten cen = Fest, seal = Zeit und lia = Schwein unzweifelhaft ist [1]), eine Wurstsuppe (d. h. eine Suppe mit

---

Steigerung „naßkolt, waterig, klätrig" ebenfalls, daß ihm das Wasser am Körper gleichsam in Fetzen herunter tröpfelte. Und einem mit dem Pott (nd. = Topf, engl. pot, wahrscheinl. kelt. Urspr.) „mang de Uhren (= Ohren) flan, dat em de Schör den Kopp bal klätern", heißt auch, ihn so treffen, daß ihm die Scherben am Kopfe herunterklappern.

1) Das heute nur noch in dem Magdeburger und Halberstädter Kreise begegnende Wort diente in erster Linie zur Bezeichnung des Schweines, welches von den alten Kelten am Julfeste (dem heidn. Neujahrsfeste, das zur Feier der Wiederkehr der Sonne zu Ende December begonnen, 12 Tage, oder, da man nach Nächten rechnete, 12 Nächte dauerte), als Opferschwein dargebracht wurde. Die nicht

Wurſt), wie man ſonſt allgemein zu ſagen pflegt, und zum
Danke dafür ſoll er nun den jugendlichen Sprößling des
freundlichen Mannes verwamſen[1]). Zudem genießt der
Abgefaßte auch noch Sonderunterricht bei dem Geſtrengen, und
der ehrſame Knabenlenker, ſo wenig geniesslich d. h. nur
auf Genuß bedacht er auch iſt, nimmt doch noch gerne ein
paar Räbchen, wie der Sachſe die rollenden Geldſtücke in
Verkleinerung der mhd. nabe, der hohlen, um die Achſe
laufenden Walze im Rade nennt, oder Räbchen (Rad) nebenbei mit ein, und beſonders jetzt, da ſeiner Familie das beſonders freudige, aber auch koſtſpielige Ereignis einer Ver-
größerung bevorſteht, wie ſie einige der böſen Buben ſchon ſeit
mehreren Abenden durch einen abſcheulichen Geſang unter dem
Fenſter des Schlafgemaches ihres Schultyrannen anzudeuten
ſich unterfingen. Und was ſangen dieſe Racker?

Heilebart, du Luder,
Bring mir einen Bruder,
Heilebart, du Läſter[2]),
Bring mir eine Schweſter.

Es liegt nahe genug, unter dem Heilebart das bekannte
langgeſtelzte Tier zu vermuten, dem nun einmal jedwede
Familienvermehrung aufgebürdet wird. Woher aber ſeine
nordd. Benennung Heilebart? Der Norddeutſche iſt ein höf-
licher Mann, er nennt den Bruder Langbein einen Heilträger,
deſſen letzter Beſtandteil bart verderbt iſt aus dem alten beran
tragen (goth. bairan, engl. bear), das bei uns noch in jedem
Eimer (ein-bar, af. embar, daraus mundartl. berechtigt

---

zum Opfer benutzbaren Stücke wurden im Volke verteilt. So alt iſt
der Urſprung unſerer „Wurſtſuppen".

1) Vom ahd. wamba = Leib. Daher auch der niedere Ausdruck Wampe.

2) = Schändlicher, ein niederd. Schimpfwort (Laſter). Das
Liedchen iſt niederdeutſch.

Emmer)¹) und besonders deutlich in der Bahre steckt, und der Bezeichnung Heilbringer liegt derselbe Aberglaube zu Grunde, der des Mecklenburgers Benennung Abebar erzeugte. Der Abebar aber in seiner Ableitung von ôd (= Schatz, so in Klein=od, Zier=at und Namen wie Odoaker und Eduard = Schatzwächter und Schatzwärter) und dem genannten beran macht nun sogar den langbeinigen Vogel zu einem Schatz= bringer, wenn er das Haus mit „kleinem Segen" füllt. Der Storch ist einmal der Vogel des Aberglaubens, den Indern²) gilt er als heilig und auch bei uns soll er dem Hause Glück und Wohlstand bringen, auf dem er nistet.

In Anbetracht all dieser unläugbaren Thatsachen darf denn unser Schulmeister doch nicht so gar hild (nb. = schnell, stammgleich mit ahb. hellan = eilen) sein, sondern wird lieber einer etwaigen Übereilung ein mahnendes täuw (nb. = halt an! von töuwan warten, täuw auch drohend: na warte!) zurufen und darüber nachdenken, wie er sich am besten aus der Patsche, d. h. aus der Flüssigkeit und Nässe zu ziehen vermöge, deren Benennung dem Tonworte patsch³) zu danken ist, das nun seinerseits das Geräusch des Trittes in etwas Flüssiges nachahmen soll und später zur Bezeichnung der Flüssigkeit selbst überging (daher auch patschnaß). Und siehe, Freund Storch wirft seinen länglichen Schatten voraus,

---

1) Gegensatz Zuber, entstanden aus two-bar, also ein an zwei Seiten tragbares, zweihenkliges Gefäß bezeichnend. Ein anderes Wort, nur von ähnlichem Klange, ist das nb. bören = heben, aufheben, ahb. burjan.

2) Die Erdgöttin der Inder trägt einen Storch in der Hand, der denn hier als Sinnbild der wiederkehrenden Fruchtbarkeit, und zwar nicht sowohl der Natur im Allgemeinen, als der Ehe im Be= sonderen erscheint, und eben aus dem letzten Grunde zum Kinder= bringer gemacht ist.

3) Daher auch mit den Händen, in die Hände patschen und Patschhand oder bloß Patsche und Patschchen für Kinderhand.

das Glück, welches allen Schulmeistern gewogen ist, läßt auch ihn nicht im Stich: „ich habs gefunden" jubelt er nicht minder freudig, wie weiland Archimedes, als er in seiner antiken Badewanne das Gesetz vom spezifischen Gewichte der Körper gefunden. Er steckt das Knäblein für Nachmittag in „Arrest" und läßt dem Vater mitteilen, daß er seinem hoffnungsvollen Sproß für denselben Nachmittag ein Stündchen Nachunterricht zu geben gedenke und zwar privatissime sed gratis. So hat er das Nützliche mit dem Unangenehmen verbunden und wieder einmal schlagend bewiesen, daß

In jedem Unglück steckt ein Preis [1])
Für den, der ihn zu finden weiß.

Weihnachten, das Fest der kleinen und großen Kinder, steht vor der Thür und der alte Brinksitzer des etwas von der Stadt abgelegenen Dörfchens sieht sich gezwungen, allmählich an die nötigen Einkäufe zu denken. Was ist ein Brinksitzer? Das zweite Glied in der langen Reihe der mittelalterlichen Hörigenklassen, welche in aufsteigender Linie Anbauer, Brinksitzer, Kleinkothsassen (von kot = Hütte, kleines Gehöft, mhd. Kossat, nd. Köther) Großköther, Viertel-, Drittel-, Halbspänner und endlich Ackermänner oder Vollspänner [2]) umfaßte. Dieses alte Hörigenverhältnis ist längst

---

[1]) Hier = etwas Wertvolles, Gutes, in mhd. Bedtg.

[2]) Diese Spänner (besonders die Vollspänner) werden auch Meier genannt, und tragen in diesem Namen die frühmittelalterliche stolze Benennung eines major domus zur Schau, welche allmählich zu meier (major: maier: meier) verderbt wurde und im Laufe der Zeit ihren ursprünglichen Sinn eines Vorstehers der Dienerschaft eines hohen Hauses, anfangs erhöhend zum Verwalter königlicher Güter, dann aber verallgemeinernd und herabsteigend zum Bewirtschafter eines fremden Gutes überhaupt umwandelte. Hatte der betreffende Meier das Gut des Herrn schlecht verwaltet, so konnte er ent- oder abgemeiert werden, so war er der Gemeierte.

geschwunden, aber die Benennungen der einzelnen Klassen haben sich noch heute im Volke erhalten (besonders in Nordd.), so eben die des Brinksitzers, dessen Name schon darauf hindeutet, daß er nicht etwa große Ländereien besitzt, sondern der strengen Wortableitung nach nur einen etwas hoch gelegenen Grasplatz (nd. brink[1]), ebenso dän. brink, engl. brink = Ufer, Rand, sein eigen nennen kann. Indessen nach Aufhebung des eine selbständige Entwicklung hemmenden Hörigenverhältnisses hat sich dieser Brink recht hübsch ausgedehnt und seinen derzeitigen Besitzer zum wohlhabenden Manne gemacht, der denn besonders dieses Mal reiche Einkäufe zum Christfest besorgen kann, da er gerade heuer ganz vorzüglich g e a u s t e t hat. Geaustet?

Die Römer nannten ihren Kaiser Octavianus, denselben, unter dessen Regierung der Weltheiland geboren ward, Augustus, benannten ihn also mit einem Worte, das eigentlich den Heiligen, Unverletzlichen, dann aber auch in seiner Herkunft von augere (mehren) „allzeit Mehrer des Reichs" bedeutet und erst in spätgerm. Zeit von seiner ursprünglichen Würde des Beinamens fürstlicher Personen zum Namen überhaupt herabsank. Ja, nicht genug damit, der ergebene Römling widmete dem neuen Cäsar später auch den Monat Sextilis[2]), in welchem derselbe nach der Besiegung seines Gegners Antonius nach der Hauptstadt zurückgekehrt war, indem er diesen Monat nunmehr Augustus nannte. Obwohl nun aber unser

---

1) Daher der in Norddeutschland besonders häufige Name Brinkmann.

2) D. i. der Sechste. Das altröm. Jahr begann mit dem März, daher war unser August der sechste Monat, dem denn heute noch die nach römischer Zahlenfolge septem-ber, octo-ber, novem-ber, decem-ber genannten folgen. Der Juli war demnach der Quintilis, der seinen heutigen Namen Julius Caesar dankt, welchem er in Folge seiner Kalenderverbesserung gewidmet wurde. So sind die beiden ersten Cäsaren Roms noch heute in unseren Monatsnamen verherrlicht.

großer Kaiser Karl eine Verbeutschung der frembsprachlichen Monatsnamen vornahm, in welcher er den August den aranmânôth (= Erntemonat) taufte, so gewannen diese Benennungen doch kein sonderliches Leben im Volke, die alten römischen blieben vorherrschend und besonders der August (ab. ougest, oust, frz. août), von dessen Namen der Gedanke an die während seiner Dauer eintretende Ernte allmählich so untrennbar wurde, daß man ernten geradezu ougesten oder zusammengez. ousten, austen nannte und in den deutschen Küstenländern der Ostsee noch heute nennt.

Die Ernte (aust) unseres Brinkmannes ist also gut gewesen, und er schickt sich nun, wie der Mecklenburger meint, so drab er kann, d. h. so schnell (ahb. drâte = schnell, eilig) es gehen will, an, nach der Stadt zu eilen, um daselbst seinen weihnächtlichen Pflichten nach Kräften zu genügen. Und wie er dabei das kieterbieten (verkleinert auch kieterbietchen) versteht! Das Handeln, mit welchem schon von der Ableitung des wunderlichen, in der Magdeburger Gegend aber viel gebrauchten Wortes her, von den beiden ab. Stammworten kiuten = schwatzen, zureden und biuten = etwas zu gewinnen, zu erbeuten (nb. büten) suchen, sich die Nebenbedeutung des nicht ganz ordnungsmäßig, sondern durch allerlei Beredungs= und Berückungskünste Erworbenen, Erbeuteten verbindet. So „küterbüttete", d. h. gewann „durch Geld und gute Worte" den Jahrbüchern des Erzstiftes nach Adalbert III seiner Zeit das Erzstift Magdeburg, so verkietert der Berliner noch heute seine Ware, wenn er sie durch übermäßiges Anpreisen an den Mann bringt, und so heißt endlich eine Straße in Burg, in welcher einst der Klein= handel besonders seinen Sitz aufgeschlagen, eben deshalb der Keiterling. — Und welch herrliche Sachen in einem solchen Großladen feilgeboten werden! Auf dem Tresem, wie der Braunschweiger sagt, dem Verkaufstisch, welcher deshalb mit dem mhd. Worte trese und tresem (ahb. treso, frz. trésor, engl. treasure) d. h. der Schatz, Schatzbehälter genannt ist, weil er gewöhnlich in seinem Innern die Geschäftskasse enthält, der durch eine auf der Oberfläche des Tisches angebrachte Öffnung die Gelder zugeführt werden, — auf diesem Tresem ist denn nun eine ungeheuerliche Fülle von Kaufsachen ausgebreitet, die einen wahrhaft **kunterbunten** Anblick gewähren, fast wie das in Braunschweig und Hannover ebenfalls Tresem genannte seine „Buffet" unserer großstädtischen Bahnhofswirtschaften, das der Rheinländer eine **Theke** nennt, und bei Tresem und Theke ist nichts wunderbarer, als daß beide von Grund aus altgriechische Abstammung nachzuweisen vermögen, insofern als Tresem aus dem thesaurós (= Schatz) der Hellenen entstanden, die rheinische Theke aber unverkennbar jene altklassische theke (= Behältnis, in welchem etwas, hier das Geld, **niedergelegt** wird) ist, wie sie noch deutlich in unseren Apotheken, Hypotheken und Glyptotheken zu Tage tritt. Und wenn nun auf Tresem und Theke die Waaren **kunterbunt** durcheinander liegen, so haben wir in diesem Worte dasselbe **kunter**, wie es in Ableitung vom frz. contre (= gegen) im kunterfai und konterfeit des 14. Jahrh. begegnet, das eine Art Mischung der Gegensätze (contra, auch **bunt** ist Lehnwort aus lat. punctus = gestochen, gefleckt) des Echten und Falschen, des Guten und Bösen, allgemein also eine bunte Mischung bezeichnet. Der Tristan Gottfrieds v. Straßburg hangt und bangt zwischen der Seligkeit seines Liebesglückes und dem brennenden Gefühl unbefriedigter Rache an seinem Feinde, zwischen linge (= Gelingen, Glück) und leide, und

swie ungelîch diz jenem sî,
sus wâren diu zwei **konterfeit**
staetiu linge und werndiu leit[1]).

So sind also die aufgespeicherten Waren kunter durcheinandergemischt, und ihre Fülle ist zu **quant** (braunschw.

---

1) So ungleich dies jenem ist, so waren doch die beiden Gegensätze in seiner Brust **gemischt** vorhanden, stetes Glück und stetes Leid.

aus lat. quantus, hier = zu viel, zu groß), als daß unser guter Brinksitzer alle Einzelheiten zu übersehen vermöchte. Und welch zauberisches Licht die gold- und silberglänzenden Kronleuchter über all diese Herrlichkeiten ausströmen! Dagegen würden nun freilich seine sämtlichen Hauslampen vergebens ankämpfen, sie, die etwas hochgeschraubt immer sofort zu placken (gespr. pläken) beginnen, wie der Thüringer meint, also sofort jenen besonders menschlichen Nasenlöchern verhängnisvollen Dampf aus dem Cylinder emporschießen lassen, der dunkel ist wie die Farbe, welche das altdeutsche, Tinte bedeutende Wort plach andeutet, das der Däne in seinem bläck (Tinte) und der Engländer in seinem black (= schwarz) erhalten hat. Und wenn der Norddeutsche diese unheimliche Erscheinung schwalchen nennt, verwendet er dann nicht dasselbe dem mhd. Grundworte swalc (= Ausströmung, Dampf) entstammende Wort, von dem Schillers Glocke singt:

Nehmet Holz vom Fichtenstamme,
Doch recht trocken laßt es sein,
Daß die eingepreßte Flamme
Schlage zu dem Schwalch¹) hinein!?

Doch allmählich erholt sich der Kauflustige von seiner Verwirrung und greift nun beherzt in die Fülle der Verkaufsgegenstände. Da wählt er zunächst ein Beinkleid für den „Ältesten", es wird freilich „vor der Hand" (= vorläufig) noch etwas zu weit sein und in Folge dessen ein wenig schlappern²) (ndl. slappen = schlaff, locker sein), und weite Hosen sind auch gar nicht mehr in der Mode, aber das thut

---

1) Hier = Öffnung des Schmelzofens, aus welcher der dunkle Dampf hinausschwalcht. Übrigens ist dasselbe Wort nb. swark mit Umwandlung des l zu r, es bedeutet dunkles Gewölk, Regenwolke, die eine Husche (= kurzdauernden Regen, mb.) verkündet.

2) Daher auch das Schimpfwort Schlapps, das ursprünglich von einem nachlässig und schlaff herumbummelnden Menschen gesagt wurde.

nichts, gerade das wird den Jungen reizen: muß er doch immer etwas Apartes haben, eigentlich also etwas, das a parte, wie der Italiener sagt, d. h. zu besonderem Zwecke „bei Seite" gelegt ist und daher in ein Wort zusammengeflossen den Sinn von etwas ganz Besonderem erhalten hat. Für den zweiten Sohn freilich kann er keine fertigen Kleidungsstücke kaufen, dem müssen sie samt und sonders nach dem Körper zugeschnitten werden, denn der Ärmste ist in seiner frühesten Jugend einmal in jenen großen und oft nicht gerade flachen Tümpel gefallen, welcher sich gemeiniglich innerhalb kleinerer Bauernhöfe findet, in welchen Mist geworfen und besonders allerlei Schmutzwasser (Jauche)[1]) gegossen wird und der von eben diesem Gießen (ahd. giozan auch = sich ergießen) die gieze nd. giete (oder kiete = fließendes, aber auch, wie hier, stehendes Gewässer) und nach Verbindung der letzteren mit dem ihr eigentümlichen Mist[2]) in Norddeutschland vielfach die Mistkiete genannt zu werden pflegt. Unglücklicher Weise war diese Mistkiete gerade zur Zeit des Unfalls ihres unangenehmen Inhaltes entleert und der kleine Kerl war so tief und so unglücklich gefallen, daß er seitdem ein Kröpel wurde, ein Mensch also, welcher nicht gerade gehen kann, wie ein mit gesunden Gliedmaßen ausgestatteter Sterblicher, sondern nur zu krupen (kriechen vgl. S. 87) vermag, den der Hochdeutsche daher einen Krüppel, der Niederländer, und von ihm entnommen die niederd. Volksmundart, einen Kröpel nennt. Für diesen kleinen Unglücklichen ersteht er einen feinen Quebel, wie der Berliner leichte Halstücher (besonders der Damen)

---

1) Nd. auch Arpaul (Erdpfuhl) gen.
2) Mist nd. auch = Nebel, mistig = neblig. Ags. und engl. hat mist dieselbe Bedtg. Nach Kluge gehört das Wort zur Wurzel mig = harnen, wie sie z. B. im nd. Migsmeken = Ameise steckt, vgl. an. miga und ags. migan = harnen. Ömeken, besser Aemeken, aus ags. aemet (Ameise) verkleinert. Bekanntlich spritzt (harnt) die Ameise einen scharfen Saft aus. Der Mitteld., welcher für migen „seichen" hat, nennt das Tier daher auch „Seich-Ameise" (gespr. Seech-emesse).

nennt, benen man es nun freilich nicht mehr ansehen kann, daß ihrer Benennung das altb., von twahan (= waschen) abgeleitete twahele (eigentl. Handtuch, bann Tuch überhaupt) zu Grunde liegt, welches das Mutterwort des ital. tovaglia und frz. touaille (= Tischtuch) geworden ist und ebenso im bair. Quehle wie im schweiz. Zwächeli noch heute lebendig ist. Aus dem ursprünglichen twebele ist mit dem häufigen Übergange des tw in qu Quehel und daraus verderbt Quebel geworden. Und die reppeltänige (raffzähnige, nb. repelten = Raffzahn) Wäsche ist zwar immer etwas riwensnütig b. h. in Ableitung vom agf. ryf = breist, keck: etwas vormäulig, allein ein Geschenk darf für sie doch nicht fehlen. Die Wäsche? Gewiß nicht die von waschen abgeleitete! Es giebt beren noch zwei andere: Wäsche nennt der Postillon die ber frz. la vache (lat. vacca Kuh) = Kuhhaut entlehnte rindslederne Decke, welche er oberhalb des Postwagens über das Gepäck breitet und Wäsche ist ferner die Verkleinerung der ab. wâse (= basâ, Base), das nb. waeseke, Wäsche, ober, wie wir meistens verschönert sagen, das Bäschen. Natürlich ist nur dieses letztere oben gemeint.

Und für die ehrenfeste Ehehälfte? Nur biejenigen Fenstervorhänge können gut genug sein, bie völlig schloß- oder schlotweiß schimmern, bie also mit der Farbe des Hagelkornes, der Schloße (mhb. diu sloz, nb. slot)¹) wetteifern können. Nun kommt der Enke, der Knecht (ahd. encho, afrief. inka, vielleicht mit ancilla urverwandt, nb. und mb.) an die Reihe, ben der biebere Brinksitzer wegen seiner Abkunft — er ist ein Bihaspel²) — und seines wisplichen (gew. gespr. fispliche von nb. wispelen = unruhig umherschweifen) Wesens in der Regel einen Kaffer, also genau so nennt, wie der Araber

---

1) Der richtige Ausdruck ist entweder hochd. schloßweiß ober nb. schlotweiß.

2) Von haspel = Garnwinde, eigentlich etwas nebenbei Gehaspeltes bezeichnend, das (uneheliche) „Beikind" des 17. Jahrh.

Söhns, Die Parias der Sprache. 7

jenen kräftigen Menschenschlag Südafrikas nannte, welcher vom 17. Jahrh. an den Buschmännern und Hottentotten das Kapland mit Erfolg streitig zu machen begann und bis heute noch kafir d. h. ungläubig, dem Heidentum anhängig, geblieben ist. Um aber nun für diesen deutschen Kaffer [1]) etwas einzukaufen, wendet sich unser Landmann einem andern Laden zu, in welchem allerlei aus Holz gefertigte Gegenstände zum Kaufe geboten werden. Da fällt sein Auge auf eine reizende Botterswarbe, und schnell ist sein Entschluß gefaßt: die paßt für den Kribbel! Was diesen Kribbel betrifft, so verdankt er natürlich dem mhd. kribeln =, kitzeln seine Entstehung, nur nahm er ferner allmählich auch die niederl. Bedeutung des Wortes = jucken, stechen [2]) und endlich auch die niederd. = murren in sich auf, so daß er also im Ganzen ein leicht erregbarer, hitziger Gesell ist, — wes Geistes Kind aber ist die ihm zum Geschenk erstandene nd. Botterswarbe? Einfach ein der Butterform ähnliches, durch einen Deckel verschließbares Holzgefäß, in welchem der Landmann vor seinem Auszuge nach dem Felde der Ähren Butter für seinen Bedarf unterbringt, das meist, wie die bei Fuhrleuten unvermeidliche Dobbelkiepe, an den Wagen gehängt, hin und her schwirbelt (ahd. swerban = schnell sich hin und herbewegen), eigentlich also eher Butterschwirbel als Botterswarbe heißen sollte.

---

1) Dieses Schimpfwort ist nicht zu verwechseln mit dem auch Kaffer gesprochenen Gaffer, ein Wort, das in seiner Wurzel gap (vgl. S. 37) eigentlich „den Mund aufsperren" bedeutet, wie es ja auch ab und zu der voll Neugier und Erstaunen auf etwas Schauende thut, und das im mhd. kapfen, ankapfen (unser: Jemanden erstaun ankaffen, „wie die Kuh das neue (ihr also unbekannte) Thor") schon im Nibelungenliede in dem heutigen niederen Sinne erscheint. Als Siegfried mit seinen Helden in Worms ankommt: daz volk si allenthalben kapfen an began.

2) Das Kribbeln hat man in den Fingerspitzen, wenn der Blutumlauf der steifgefrorenen Finger in Folge der Wirkung des wärmenden Ofens wieder lebhafter zu werden beginnt.

Und die eben erwähnte Dobbelkiepe? Der Fuhrmann wird uns sagen, daß er mit diesem Namen den Eßkober bezeichnet, der beständig an seinem Wagen hängt, wird aber freilich nicht wissen, daß diese Benennung ihren Anlaß darin findet, daß besagter Kober in zwei Hälften zerfällt, von denen sich die eine mit dem offenen Teile in die andere, das Ganze verschließend, schieben läßt, so daß der ganze Kober gleichsam ein doppelter (ndl. dobbel)¹) ist. Setzen wir für Kober nunmehr das ndl. Kiepe (= auf dem Rücken getragener Korb, dann Korb überhaupt)²) ein, so haben wir die ganze Dobbelkiepe, zugleich aber auch den Beweis, daß dieser Eßkober bei unseren Fuhrleuten keineswegs ursprünglich, sondern erst ihren niederländischen Berufsgenossen entlehnt ist. — Und das Nestpubbek (Nesthühnchen, nb. Verkleinerung von pute = Huhn, wir sagen Nesthätchen, oder richtiger Nestheckchen)³) muß natürlich am reichsten bedacht werden. Ihm stiftet der zärtliche Vater ein Paar handinge (aus hant-dinc = Pulswärmer) und eine ganze Gäppsche (nb. Wort = so viel man mit beiden Händen fassen kann, von mhd. goufe = hohle Hand zu lat. curvus, thüring. mit Konsonantumstellung und Vokalveränderung Gaischpe) voll Murmeln, die eigentlich ihrer Ableitung zufolge nicht aus gewöhnlichem rohen Stein, sondern aus Marmor (ahd. marmel und murmel) bestehen sollten und die der Baier mit gleicher Ableitung Marwel, der Thüringer aber Kullerschößchen, also schnell dahinschießende kleine Kullerer nennt. Das Kullern aber (hd. kollern) ist eine Weiterbildung der aus mhd. kügele

---

1) Vgl. S. 49.

2) Wohl mit mittellat. cupa = Tonne, Getreidemaß und unserer Kufe stammgleich.

3) Von hecken = sich fortpflanzen (besond. von der Vogelwelt gebr.). Damit hängt zusammen mhd. hagen = Zugstier und im älteren Nhd. hacksch = Zuchteber. Und daher wieder das Verbum hackschen = unanständige, „schweinische" Dinge erörtern.

durch Zusammenziehung entstandenen Kulle, wie sie sich besonders im nördl. Deutschland findet [1]). Während des Winters soll der kleine Wicht in der Stube damit murmeln, bei Wiederkehr des Frühlings aber im Freien mit seinen Kügelchen sich erlustigen. Außerdem muß er einen Hampelmann haben, einen Baias, wie der Nord- und Mitteldeutsche den immer lustig blickenden Wandzappler nach dem possenreißenden und gesichterschneidenden Spaßmacher (clown) der Seiltänzergesellschaften nennt, und wie er in seiner fremdländischen Benennung auf den vom ital. baja = Spaß, Scherz, mit der tadelnden Endung accio gebildeten bajaccio [2]) der Italiener zurückgeht. Aber auch das Nützliche wird neben dem Angenehmen nicht vergessen und eine bedeutende Anzahl von Federn gekauft, vermittelst deren der Sprößling der Schönschreibekunst in die Arme geführt werden soll. Und das thut sehr not, denn er ist ganz nach dem Vater geartet, geslachtet, wie der Mecklenburger mit Benutzung der mhd., auch in unserem Geschlecht sich findenden slahte (= Art, Geschlecht, ital. schiatta) sich ausdrückt [3]), und schmabbert (engl. smatter = unvollkommene Kenntnis von etwas haben, stümpern) ganz entsetzlich.

Damit sind denn die Einkäufe beendet und unser Brinkmann schickt sich an, seinen Freund aufzusuchen, an dessen gastfreiem Tische er bei jedem Besuche vor dem Heimgange erst einen kräftigen Abendimbiß zu nehmen pflegt. Leider aber trifft er den Freund heute nicht zu Haus an. Der magenkräftige Brinksitzer hat sich ein paar Mal, von übergroßer Begehrlichkeit getrieben, gar zu ungeneisen bei dem Gast-

---

1) Einer zweiten Zusammenziehung desselben Wortes kugele begegneten wir bereits in küle. Vgl. S. 81.

2) Ursprünglich also jemand, der grobe und anstößige Späße macht.

3) Der Gumbinner sagt: „Ihre Kinder sind sehr niedlich, sie schlachten sich auch alle!"

freunde gezeigt, und daher hat dieſer es vorgezogen, heute ein=
mal nicht zu Hauſe zu ſein und ihn mit ſeinen backnbern
(nb.) ſoll heißen: mit ſeinen gebackenen (und vergeblich zum
Kauf angebotenen) Birnen¹) abziehen zu laſſen. Wie be=
nahm ſich unſer Landmann nun aber, als er, um mit dem
Sachſen zu reden, ungeneiſen war? Er genoß nicht mit
Maß, er übertrieb den Genuß (mhd. genîz, daraus Geneiß)
und machte ihn ſomit zu einem Un=geneis, in welchem das
un ebenſo eine Unangenehmes bezeichnende Verſtärkung des
Grundwortes bedeutet, wie ſie ähnlich zwiſchen Tier und Un=
tier, Wetter und Unwetter wahrzunehmen iſt. Er war alſo
ungeneiſen, weil er unmäßig und über ſeine wirklichen Be=
dürfniſſe hinaus zu ſich genommen, und deshalb muß er heute
ohne das gewohnte Abendeſſen abſocken, oder, wie man
mit noch deutlicherem Hinweiſe auf das ahd. Grundwort
soccho (= Strumpf) ſagt, ſich auf die Socken machen²),
unter denen man heute nur den unterſten, etwa den Fuß
beckenden Teil des Strumpfes verſteht³). Darüber iſt er nun
zwar ein wenig erboßt, kann ſich deshalb aber nicht gleich
„von Tagen thun", wie man in Norddeutſchland ſich aus=
drückt, d. h. ſeinen Tagen ein Ende machen, „ſich in den Tod

---

1) Der mhd. Ausdruck für gebackene Birne iſt die heute noch in
Thüringen, Heſſen, Franken vielgebrauchte hutzel, die der Thüringer
meiſt Hotzel nennt und der wir das Wort verhotzeln = vertrocknen,
zuſammenſchrumpfen danken.

2) Dem entſprechend ſagt man auch: ſich auf die Strümpfe
machen.

3) Die ganze Sippe geht auf den lat. soccus zurück, der, ein
Pantoffel oder ein bänderloſer, den ganzen Fuß bedeckender Schuh, in
Rom ausſchließlich von Frauen und von komiſchen Schauſpielern ge=
tragen wurde, welche letzteren damit einen Gegenſatz bildeten zu dem
hochſohligen Stiefel (cothurnus) im Trauerſpiel. Dem Engl. und
Franz. iſt sock und soc noch heute abweichend vom Deutſchen der
Schuh, während der ital. socco ſich ſogar bis zum „Halbſtiefel" ver=
größert hat.

legen", er muß dann eben die wilden Triebe seines Magens bis zur Heimkehr zu' bändigen suchen. Schnell besorgt er noch einen unabweisbar notwendigen Gang nach der Apotheke, um sich daselbst **veninsches** (mecklenb. von venenum = Gift) Wasser zu holen, mit welchem er einer unheimlichen Fülle langgeschwänzter Hausgäste zu **vergeben** (ahd. und mhd. im Sinne von vergiften gebräuchlich)[1] gedenkt. Dann aber geht es **grelling tau** (nd.), kühn und tapfer, wie die Ableitung des Wortes vom ahd. grellan (= kühn zum Streit herausfordern) verlangt, freilich nicht ohne' mancherlei Beschwerden. Das Wetter ist schlechter geworden, „der Thauwind kam vom Mittagsmeer", es beginnt sogar bereits in einzelnen Tropfen (germ. Wurzel drup) zu **drüppen** (trippen) oder, noch schwächer (verkleinert) ausgedrückt zu **brüppeln** (trippeln), wie der Nord- und Mitteldeutsche sagt[2]). Dadurch wird der Weg **moddrig**, d. h. eigentlich der Bedeutung des mhd. moder (= Sumpfland, Moor), dann des nbl. modder

---

1) Daher auch die vergebunge mhd. nicht nur unsere Vergebung, sondern auch die Vergiftung bezeichnet. Ver-geben dachte man sich dabei als „etwas Falsches, Verderbliches geben", ähnlich wie das Wort noch heute im Kartenspiel gebraucht wird, und das Wort Gift bezeichnet in seiner Abl. von geben ursprünglich auch nur die Gabe schlechthin. Eine Gabe konnte nun aber gut oder schlecht sein, und die spätere Entwickelung des Wortes hat sich lediglich auf das Letztere beschränkt. Dagegen haben wir das Wort noch in älterem Sinne in der bekannten Mitgift. Übrigens kommt vergeben = vergiften noch in Lessings Dramaturgie vor und findet sich daselbst mit dem Acc. der Person verbunden: „Kleopatra will ihren Sohn mit Gift vergeben", — ein Spiel mit denselben Wortstämmen, wie man sieht, die sogen. figura etymologica.

2) Dasselbe würde tröpfeln sein, das auch hier und da in Süddeutschland in gleichem Sinne gebr. wird. Natürlich gehen auch triefen und Traufe auf dieselbe Wurzel zurück. Des Mitteldeutschen fisselen ist das mhd. viselen = kleine, kurze Bewegungen machen. Vgl. S. 8.

(= Schlamm, Dreck)¹) und endlich des gleichbedeutenden engl. mud und nb. mudde entsprechend, aus welchem letzteren dann besonders der Schleswig-Holsteiner, Mecklenburger und Pommer die Bezeichnung muddlig (= schmutzig) gebildet, wie sie bei Reuter und Groth häufig genug begegnet und etwa den Gegensatz zu dem seltsamen rendlich bildet, welches, aus af. hrên, rên (= rein) entstanden und daher heute auch nur in Norddeutschland gebräuchlich, das d als eine Art Stütze des n einschiebt.

Und dazu noch all die Weihnachtssachen und ein nicht unbedeutendes Bedürfnis nach irdischer Speise mit sich herumtragen! Kein Wunder, wenn unser Brinksitzer allmählich recht bammelig, d. h. matt (von bammeln = hin und herschwanken)²) und knackschälig, also geschwächt, schlaff und unsicher wird wie die leicht knackende³), d. h. zerbrechende Schale einzelner Früchte. Und die Nacht ist längst angebrochen, als er endlich seinen Brinksitz erreicht. Er hat bei seinem Weggange freilich nicht die Zeit angegeben, wanneher er zurückkehren werde, allein er hatte stillschweigend angenommen, daß es geschehen werde, ehe noch die Hühner zu Bett, d. h. die Stiege hinauf zu ihrem nordd. wiem, einem in der Höhe angebrachten Verschlage⁴), gegangen wären. Wie

---

1) Unser Moder ist dasselbe Wort, von Modder bildet das Volk auch das Zeitw. moddern.

2) Dafür auch bampeln, von Kindern gesagt, die noch unsicher sind auf den „Bampelbeinen". Ähnliche Bedeutung hat baumeln, das Schweben wie am Baume. „Der Kerl muß baumeln" (Schiller), d. h. er muß an einem Zweige des Baumes aufgeknüpft werden.

3) knack hängt ablautlich mit knicken zusammen, und ahmt das Geräusch nach, das bei einem gewaltsamen Knicken, z. B. trockenen Holzes, entsteht. Auch der Engl. hat knack und zwar als Krach. Knackwurst ist demnach eine Wurst, deren dünner Darm leicht knackt, bricht (Weigand), und der Knackstiefel des Nordd. ein Mensch, der bei jeder Gelegenheit den Schäften der Stiefeln ähnlich zusammenklappt.

5) Vgl. Reuters scherzhafte Ortsnamenbildung Häunerwiem.

kann man aber wanneher sagen, das ist ja gar kein „ordentliches" Wort? In der heutigen Schriftsprache freilich nicht mehr, wohl aber vor Alters. Als im af. Heliant der fromme Priester Zacharias sich in den Tempel begeben, in welchem ihm der bekannte Engel erscheint, da wartet draußen das Volk

umbi thana alah ûtan, Ebreô-liudi (= Hebräervolk um den Tempel herum

hwan êr thie frodo man gifrumid habdi waldandes willeon ¹) (wann der weise Mann vollbracht habe des Waltenden Willen). —

Nun aber stürmt alles auf den Heimgekehrten ein, ein Jeder will erfahren, was das Christkindlein ihm bescheren wird, kaum hat der Biedere Zeit genug, die so lange vernachlässigten Bedürfnisse des Magens zu befriedigen, kaum Hände genug, um die Kinder von sich abzuhalten, die durchaus nach allem Mitgebrachten grappschen (ital. grappare aus unserem grîpan = greifen) möchten. „Indessen doch — denn helpt dat nich", d. h. es bât' nicht (goth. af. bôta = Nutzen, „Buße") ²), es nutzt nichts, erfahren darf nun einmal Keiner vor der Zeit, was der Weihnachtsmann ihm bringen wird, mag auch das Nesthäkchen lünen (nd. von Laune, eine Stimmung, die wechselt wie die Gestalt des zu Grunde liegenden Wortes, der luna = Mond), also etwa' schmollen, so viel es will. Da nun aber das Drängen und Trebel-

---

Daß übrigens wiem ursprünglich die behufs Anhängung des zu räuchernden Fleisches über der Esse angebrachten Stäbe bezeichnet, zeigt noch deutlich die Bedeutung des ndl. wieme als Räucherkammer.

1) Auch jetzt noch ist die Heimat dieses wanneher Norddeutschland, während man in Mittel- und Süddeutschland ohne die Verstärkung des eher nur wann und wenn sagt. Übrigens beweist dieses êr, daß auch das nord- und mitteld., anstatt des heute schriftsäßigen ehe regelmäßig gebrauchte eher seine sprachliche Berechtigung hat.

2) Nd. Sprichwort: bat't nich, so schad't nich. Dasselbe Wort ist das nb. beuten, md. büßen d. h. beseitigen, entfernen und zwar durch „Sympathie", es ist das ahd. puozan.

l i e r e n (von frz. travailler = quälen, plagen)[1]) der Kinder unferem Brinkſitzer immer läſtiger, und er ſelbſt übrigens in Folge der Anſtrengungen des Weges immer müder wird, wie ſein allmählich häufiger werdendes h u j a h n e n (Tonwort = laut gähnen) andeutet, ſo faßt er einen gewaltſamen Ent= ſchluß, deſſen Ausführung ihn mit einem Schlage von ſeinen Peinigern befreit, und —

Fort iſch der Ma, und b' Mueter goht,
Jetzt au ins Bett, denn's iſch ſcho ſpot. (Schwizer = Dütſch).

Geradezu ein kulturhiſtoriſches Wort iſt die S a u ſt e r b e (geſpr. Sûstarwe). Man kennt ſie nur im Norden Deutſch= lands, beſonders im Harze (Blankenburger Gegend), in Braun= ſchweig, Hannover und Pommern, und in allen dieſen Gegen= den und Ländern iſt ſie die Benennung der großen Harke, mit welcher die letzten, übrig gelaſſenen Kornähren auf dem Felde zuſammengeharkt werden und deren Geſtalt folgende iſt. In dem Querholze, an welchem die Harkenzinken ſich befinden, ſind (natürlich nach der Richtung des Harkenden zu) zwei nicht parallel, ſondern etwas nach einander geneigt laufende Längshölzer angebracht, die nun am Ende wieder mit einander verbunden ſind. „Eine Sauſterbe voll" iſt demnach ſo viel, als man mit dieſer Harke faſſen kann. Die letzten Ähren, die letzte Garbe des Feldes gehörten aber nach der altheid= niſchen Anſchauung unſerer Vorfahren dem Korndämon[2]), der nun ganz beſonders gern in Geſtalt der Sau auftreten ſollte. Dieſer Dämon alſo, dieſe Sau, wurde nun als äußerſt ſchaden= bringend gedacht, ſie nährte ſich von Körnern, machte die Ähren taub, die Arbeiter durch Berührung ſchlaff und untüchtig und war aus all dieſen Gründen ſelbſtverſtändlich allgemein verhaßt. Erwiſchen konnte man ſie natürlich in Leibesgeſtalt

---

1) In derſelben Bedeutung nd. prampiren woher?
2) Vgl. W. Mannhardt: Die Korndämonen. Berlin, Dümmler 1868.

nicht, sie saß dank ihrer Göttlichkeit unsichtbar in den Ähren und Halmen fest. Wenn nun aber die Erntezeit herankam und das Getreide gemäht wurde, da begann ihr letztes Stündlein zu schlagen, — da flieht sie von Ackerstück zu Ackerstück und endlich von Ähre zu Ähre. Und wenn man zu den letzten Ähren gelangt war, in welchen der Dämon ja nun seine letzte Zuflucht gesucht und gefunden haben mußte, so forderte man unter lautem Jubel einander auf, ihn zu fangen und darauf los zu schlagen. Nicht selten wurde auch aus der letzten, mit der großen Harke gesammelten Garbe ein Strohgebilde von der Gestalt einer Sau geformt und auf dieses alsdann mit ausgelassenem Gejauchz losgeschlagen[1]). Diesen ganzen Vorgang der Tötung der Sau nannte man nun die „Sausterbe". Heute ist der uralte Brauch längst bis zum bloßen Schatten des „Erntekranzes" zusammengeschrumpft, bei welchem nun die letzten Garben (oft in Kranzform, daher der Name) und unter lustigen Klängen der Musik auf einem besonderen Wagen heimgefahren und dem Besitzer des Ackers übergeben werden. Der alte Brauch also ist geschwunden und bloß die Benennung des Herganges ist geblieben, nur wurde sie im Laufe der Zeit, als christliche Anschauungen derartige heidnische Hergänge nicht mehr gestatteten, übertragen auf das

---

1) Sie hieß besonders die Roggensau, weil unseren Altvorderen gerade der Roggen als das wichtigste Nahrungsmittel galt. Noch in der Schöninger Gegend (Braunschw.) ruft der Mäher, wenn er an der letzten Ecke des Getreidefeldes angelangt ist: Tauw, nu will we de sû fengen (fangen)! Übrigens entspricht diese Sau völlig der schwed. Gloso und geht in letzter Linie auf den goldborstigen Eber Freias zurück. In einzelnen Gegenden z. B. bei Neuhaldensleben, Gardelegen, Magdeburg tritt für Sau der Ausdruck Range ein, der (oder die?) natürlich auch in der letzten Garbe sitzen soll und vor der die Kinder gewarnt werden. Wir halten rank für eine alte Benennung für Schwein, wie sie sich auch in rankkorn erhalten, das eine Krankheit bezeichnet, in welcher sich körnerähnliche Blattern im Gaumen des Schweines ansetzen, also eine Art Bräune der Schweine.

Werkzeug, mit welchem man die letzten Garben (die frühere „Sau") zusammengeharkt hatte ¹). Den Namen wenigstens des altgewohnten Brauches wollte man nicht missen, und sie, die ursprünglich jedwede Sausterbe bewirkt hatte, wurde nun selbst Sausterbe genannt, und wer weiß, wie lange „die letzte Sausterbe voll" auch in christlicher Zeit noch zu allerlei heidnischem Gebahren Anlaß gegeben haben mag, ehe sich das alles zu unserem Erntekranze verflüchtigte. Übrigens müssen auch die Kelten etwas Ähnliches gehabt haben, das später auf die Franken überging: noch in den Pariser Parlamentsakten vom Jahre 1401 ist als Spiel pikardischer Landleute erwähnt „das Werfen mit Sicheln nach der Sau" am Ende der Ernte.

Bei Einbringung des Erntekranzes hält der Hofmeister eine längere und, wie der Niederdeutsche meint, sehr leifmäuige Rede, eine Rede also, die in Folge der Ableitung ihrer Benennung von leiw, af. liof, ags. leov = lieb und mäuig (mauig) von ahd. muotic, af. môdag, ags. môdig = mutig, gesinnt, eine sehr liebgesinnte genannt werden muß und in welcher mit gehörigem Nachdruck hervorgehoben wird, wie wacker alle während der schweren Erntezeit geschanzt (eigentlich also Schanzen gebaut, d. h. angestrengt gearbeitet) ²) und geschuftet haben. Wer sollte diesem schuften sein hohes Alter ansehen, sollte es nicht vielmehr bei oberflächlicher Betrachtung für eine noch jugendliche Weiterbildung unseres

---

1) Vielleicht ist auch ihre Gestalt auf altheidn. Anschauung zurückzuführen. Sie ist eckig hufeisenförmig und — wie der Teufel bekanntlich über das an der Thürschwelle angebrachte Hufeisen (des Pferdes Wotans) nicht hinwegkann, — so glaubte man vielleicht, daß auch die dämonische Sau, sobald sie innerhalb dieser eigentümlich geformten Harke sich befinde, nicht über dieselbe hinauskönne, sondern darin rettungslos den Angreifenden preisgegeben sei.

2) Etwas Anderes ist das mhd. schanzen = mit Würfeln spielen, ein Fremdwort des Mittelalters, das dem frz. la chance = Würfelspiel entstammt. Daher auch „etwas in die Schanze schlagen" = auf das Spiel setzen. Vgl. Andresens Volksetymologie.

Schuftes halten? Indessen hat das Wort damit nichts zu schaffen. Als der junge Parcival einst auf der verhängnisvollen, über seine Zukunft entscheidenden Jagd ist und ferne Hufschläge vernimmt, die sich ihm nähern, da meint er wohl, es „wolte der tiuvel komen" und ist fest entschlossen, es selbst mit diesem aufzunehmen. Der Gottseibeiuns war es nun zwar nicht, wohl aber

> kom geschûftet her
> drî rîter nâch wunsche var
> von fuoze ûf gewâpent gar[1]).

Galoppieren, eilig vorwärts streben heißt also unser schuften von Grund aus und erscheint ursprünglich lediglich von Pferden gesagt.

Der Redner ist ein Hemikenfänger (anhalt.), er ist listig und verschlagen genug, selbst ein Heimchen zu überlisten, er weiß wohl, daß der Gutsherr bei dem am Abend folgenden Tanze um so „spendabler" sein wird, je mehr er davon überzeugt ist, daß jedermann während der Erntezeit nach Kräften gearbeitet hat. Und wahr ist es ja auch, sie haben alle tüchtig elewarket, wie der Niederdeutsche sich ausdrückt, d. h. jeder hat nach seiner ellen (mhd. = Kraft) gewirkt und ist gar manchmal bei seiner Arbeit kochlebergahr (allgem. nd. = gahr, wie gekochtes Leder) und klitschermabennaß geworden (aus mhd. kletzen == schmieren), und da ist ihm das Vergnügen des Abends wohl zu gönnen. Nur Schade, daß es sobald wieder gestört werden soll! Unter den Tanzenden ist auch einer, der kein hochzeitlich Kleid an hat, einer aus dem Sellhause, wie man im bair. Fichtelgebirge das Gemeindearmenhaus nennt, dessen erster Bestandteil ebenso auf das goth. saljan (sal = Wohnung) == Herberge finden, wohnen, zurückgeht, wie die in Österreich äußerst

---

1) Es kamen daher gesprengt (galoppiert) drei Reiter, gestaltet, wie man es nur wünschen konnte, und von Fuß auf völlig gewappnet.

geläufige Selbe (auch Solbe gespr.) „Ik thes wirdig ne bium (= bin)", spricht bereits im Heliant der bekannte Hauptmann von Kapernaum zum Herrn
that thu an mîn hûs kumes,
sôkeas mîna selithâ¹).

Der Sellhäusler ist ein allgemein verachteter Mensch, der den ganzen geschlagenen Tag, b. h. alle Stunden, welche die Uhr den Tag über schlägt, träge herumlungert, ein Lausepoker, wie man ihn wohl von Seiten der Arbeiter etwas roh, aber mit einem sprachlich nicht uninteressanten Worte benennt. Steckt doch in diesem Worte derselbe Stamm, welchen wir im an. puki (= puer, Knabe), im dän. pog, im heutigen braunschw. pōk²) = Junge, Kleiner (auch ab und zu = Mädchen) und endlich im engl. puck = Kobold, besonders in dem verschmitzten Puck in Shakespeares Midsummer — night's dream (Sommernachtstraum) erblicken. Auch der Thüringer hat einen Kobold, einen Hausgeist, der wie der schwedische Tomtegubbe³) (= der Alte des Hauses), in der Gestalt des Wallensteinschen „grauen Männleins" er-

---

1) Daß Du in mein Haus kommst und meine Wohnung aufsuchst. Von demselben Stamme auch unsere Gesellen (= Zusammenwohnende), Gesellschaft u. a.

2) „O Du Wonnepok!" ruft die Mutter dem geliebten Kinde in übergroßer Zärtlichkeit zu. Lausepoker ist also = Lausejunge. Übrigens wo Läuse sind, sind auch Nete, sagt der Niederb. und hat in diesem Nete das ahd. niz (ags. hnitu, nbl. neet) = Lausei, Niß (daher das sächs. Schimpf- und Scherzwort „Du Niß'ch") noch heute erhalten. Ja, der Anwohner des zur Frühlingszeit häufig jäh anschwellenden und über seine Ufer tretenden Flüßchens Nette (im Hildesheimschen, geht in die Innerste) hat dazu sogar das launige Wortspiel gebildet:
Wenn ût de Nete (Nette) wird ne lûs,
Denn bliw en jeder wol to hûs.
(b. h. wenn die Nette anschwillt, gleichsam neue Wassermassen gebiert.)

3) Über ihn E. M. Arndt: Vom nordischen Hausbau und Hausgeist. Jena, Fromman 1857.

scheint und den fleißigen Bewohnern des Hauses Segen, den faulen aber Strafen und Quälereien bringt. Und wenn eine redliche, aber arme Familie durch irgend ein unvermutetes glückliches Ereignis zum Wohlstande gelangt ist, so meint das Volk: Derjenige, welcher des Nachts klappend und schwerfällig im Hause herumstapft (ahd. staphôn, af. agf. stapan) [1], der Stapfer [2] (nb. Stapper), verkleinert „Stäppchen hat's gebracht!" Der Bewohner des alten Sachsenlandes kennt zwar auch ein Stäpken, allein dieser Hausgeist ist bei ihm bösen Charakters, er übt gern allerlei Schabernack aus, wie Shakespeares Puck, und wenn auf dem Felde oder im Hause des Landmannes irgend eine schadenbringende Handlung begangen, der Schuldige aber nicht zu ermitteln ist, so heißt es allgemein: „das hat Stäpken (auch Stäpke) gethan!"

Doch wieder zu unserem Sellhäusler. Besonders empört hat es alle, daß er noch am Abend vorher sich gerühmt hat, er sei sämtlichen Arbeitern an Körperkräften überlegen, er stecke sie alle in seine Ficke. Am Abend vorher war das geschehen, also nechten Abend, wie der Pommer mit Verwendung des Dat. Plur. von naht (ahd. nahtun, mhd. nehten) meint, während der Schwabe und Österreicher mit ihrem necht die vergangene Nacht bezeichnen. Bei Anastasius Grün (Ant. Alex. Graf v. Auersperg) ist das mundartliche Wort sogar schriftsässig geworden und

„Nächt ist in unsern Trieb der gleißend Wolf gefallen" meldet der Zuffenhauser Hirt dem aus der „Döffinger Schlacht" nach seiner Hauptstadt heimkehrenden Greiner. Und in die in ganz Nord- und Mitteldeutschland gebräuchliche Ficke will der Sellhäusler alle übrigen stecken? Natürlich in die Tasche,

---

1) Daher auch unsere Fuß=stapfen.
2) Im agf. Beowulf (7. Jahrh.) wird auch Grendel, der riesige Sumpfgeist „in Caines cynne", aus Kains Geschlecht, der die Dänen in Heorot plagte und den nebst seiner Mutter Beowulf tötete, der meark-stapa genannt, d. h. der in der Gemarkung Umhergehende.

die ursprünglich in Gestalt eines Beutels, des mittellat. ficacium, an oder in das Kleid geheftet oder figieret wurde, wie der Mittelhochdeutsche in Ableitung vom lat. figere (ital. ficcare, frz. ficher)[1]) sagt. Auch der Schwede und Däne brauchen das Wort wie unsere Volkssprache. Kein Wunder, daß derlei Äußerungen die Gutsarbeiter „furchtbar gefuchst" haben, daß sie also eigentlich dadurch fuchsschlau überlistet, dann aber auch geplagt, gequält und geärgert sind. Freund Reinefe spielt in unserer Volkssprache überhaupt eine gewisse Rolle, auch das fuchseln (= stehlen, stibitzen)[2]) des Süddeutschen und das allgemein gebräuchliche fuchsschwänzen d. h. Jemandem kriechend schmeicheln, ihm gleichsam den Fuchsschwanz streichen (Weigand), danken ihm ihren Ursprung.

Allgemein hatte man erwartet, daß der Armenhäusler, der durchaus nicht bei der Erntearbeit thätig gewesen, auch vom Tanze des Festes sich fern halten würde, allein gerade „zum Schure" war er erschienen. Zu welchem Schure? Es giebt ihrer drei im Volke. Wenn ein böses Hagelwetter die Felder heimsucht, so nennt der niederd. Landmann es noch genau so wie der Mittelhochdeutsche ein schûr (= Schauer, so in Regenschauer)[3]), und wenn der Sachse oder Thüringer auf der Kegelbahn „acht um den König" (oder, wie man das in Braunschweig nennt, „Wache raus!", wie solches der allein stehen gebliebene König verlangt,) geworfen, so nennt er seinen Wurf, der alles rings um den König abgeschoren, auch eine

---

1) Daher natürlich auch unser Fixstern und die Affichen (les affiches) des Franzosen.

2) Woher das Wort? Übrigens gab es schon im Mittelalter so viele von dem Worte Fuchs sowohl, als von Reinekes losen Streichen gebildete Schimpfwörter, daß bereits die Lex salica im 30. Titel dagegen einzuschreiten sich gemüßigt sah.

3) In den mhd. Heldengedichten ist daher genommen bildlich auch der Held ein schûr d. h. vernichtend wie ein Hagelschauer, „ein Wetter in der Schlacht".

Schur, die sogenannte Königsschur ¹). Und diese Schur ist denn auch die des Sellhäuslers, die ebenso wie die Kegelschur auf das mhd. schern (= scheren, daher diu schûr, Schererei, Plage) zurückgeht und auch im Süden hier und da ihr ursprüngliches weibliches Geschlecht gewahrt hat. Ein drittes „Schauer" aber, den mhd. schûr (= bedeckter, Schutz und Obdach gewährender Ort) kennt als Substantivum fast nur noch der Baier²), als Eigenschaftswort hingegen ist es auch in Norddeutschland bekannt und ein Ort, an dem es schauer ist, ist auch heute noch ein vor Sonnenbrande oder starkem Regenwetter geschützter.

Der Ungeladene ist also dem Widerwillen der anderen zum Schur erschienen und scheint die lünschen (oder läunschen) Blicken, mit denen man ihn ringsum betrachtet, die ungewiß und in ihrem Ausdrucke wechselnd wie das Licht der Luna³) auf ihn geworfen werden, gar nicht zu beachten. Und doch lassen diese Blicke zur Genüge erkennen, daß man allgemein fest entschlossen ist, den Eindringling bei erster Gelegenheit hinauszufenstern, eigentlich also zum Fenster hinauszuwerfen. Übrigens wird dieses fenstern auch in allgemeinerer

---

1) Bei dem sogen. „Lübeckern" giebt es außerdem auch eine Vorder- und eine Hinterschur.

2) Nur ab und zu hört man noch das Wort „Wagenschauer" (natürl. männlich) nennen, und doch, wie viel lieber sollte man sich seiner bedienen, als der landläufigen französischen Remise! Übrigens ist mit diesem Schauer = Schutz, Obdach, auch unsere Scheuer stammgleich, beide sind der indogerm. Wurzel sku = bedecken, beschützen (lat. scutum Schild) angehörig.

3) Daher auch die Laune, das unbestimmt Wechselnde der Gemütsstimmung. Ähnlich wie lünen gebraucht man in Norddeutschl. auch lûpen, ursprüngl. glûpen, ndl. gluiper, altfries. glûpa = heimlich, verstohlen nach etwas blicken. Das Vergrößerungsglas Lupe dagegen von frz. la loupe. Das Wort bezeichnet urspr. die kreisförmige Geschwulst unter der Haut, die sogen. Wolfsgeschwulst (lupus), dann nach der Ähnlichkeit damit die kreisförmige Glaslinse.

Bedeutung gebraucht und „wart, ich will dich fenstern!" heißt dann so viel, als „ich will dich auf den Zug, Schwung, Gang, Damm bringen", also einfach von der Stelle jagen. Wer aber in Süddeutschland fenstert, sucht sehnsüchtig das Fenster der Geliebten auf, freilich auch nicht selten mit dem bangen Angstgefühl, bei etwaigem plötzlichen Erscheinen des widerhaarigen Vaters hinweggefenstert zu werden. Und in Anhalt fenstert (= wirft) ein ungezogener Range sogar mit Steinen, deren ursprüngliches Wurfziel durch dieses Wort deutlich genug gekennzeichnet ist.

Natürlich dauert es nun nicht eben lange, da beginnt einer oder der andere mit dem Sellhäusler zu **kawweln** (nd.), d. h. in Wortwechsel mit ihm zu geraten. Das ältere kîwen (unser keifen) ist zunächst niederd. zu kiwweln (kibbeln) verkleinert und daraus dann das ablautliche kawweln gebildet. Dieses „kleine Gezänk" hat nun aber bald „unter den Händen" der Streitenden ernstere Folgen, und das um so schneller, als ein kleiner Teil der Streitköpfe in Folge allzureichlicher Trinkung bereits etwas schicker ist, wie der Sachse und — Hebräer (hebr. schikkôr = trunken, berauscht) meinen. So geht denn das kawweln allmählich in das nord- und mitteld. **kampeln** über, dessen Ableitung vom mhd. camph (mit Verkleinerung gebildet) auf der Hand liegt und das auch in dem drolligen Kinderliedchen erscheint:

Hans und Grete stehn vor'm Laden,
Woll'n für'n Dreier Schlackworscht haben:
Für'n Dreier giebt es nicht, —
Hans und Grete kampeln sich.

Und bald hat des Sellhäuslers Stündlein geschlagen, er macht zwar noch einige Sperrenzien (scherzhafte Bildung sperrentia von sich sperren), ist noch ein Häppchen (von dem Happen)[1]) twernäglich (nd. = quernäglich, sperrig), allein endlich muß er doch der Übermacht erliegen, man debbelt ihn,

---

1) Ebenso gebraucht: ein Linschen (Linse).

wie man in Niederdeutschland in Ableitung vom ahd. diwjan, dewjan = zu Boden werfen, sagt. Aus dewjan (agf. dufian) wurde nd. deffen und daraus dann mit der bereits des Öfteren erwähnten Verbalendung — ln (len) das vielgebrauchte debbeln, in welchem nun der scharfe Consonantismus im Innern wieder zu bb (man spricht auch noch weicher dewweln) erweicht erscheint.

Besonders thätig hat sich dabei einer der Gutsarbeiter gezeigt, der im übrigen zwar sehr drehe (nd.) d. h. trocken, mager, ndl. dreuge, agf. dryge, engl. dry (Wurzel drug) aussieht, trotzdem aber über riesige Körperkräfte verfügt. „Wo der mit seinen kalvinschen Pfoten" hinhaut, wie die pommerschen Arbeiter sagen, da wächst kein Gras wieder. Kalvinsche? Es läßt sich nachweisen, daß der Ausdruck kalvinisch seit den Tagen der Reformation besonders von den heftigsten Gegnern Calvins, von den Protestanten, häufig als Schimpf= wort gebraucht wurde, daß er als solches allmählich so in das Volk drang, daß dieses ihn noch heute beibehalten. Wenn der Thüringer sein (Karten=) Spiel für verloren hält, wirft er es seinem Gegner eben so verächtlichen Tones, wie der Pommer, mit den Worten auf den Tisch: da hast du alles in deinen kalvinschen Magen!

So ist der Streit zu Ende, unter großem Jubel wird der Drehe in den Saal geleitet und das Vergnügen nimmt nunmehr einen ungestörten Verlauf, — lange, lange, denn: dem Glücklichen schlägt keine Stunde.

Was ist ein Schicksel? Die landläufige, freilich niedere Bezeichnung eines jüdischen Mädchens. Sonderbare Wandlung, wenn man bedenkt, daß das hebr. schikzah ur= sprünglich gerade das Entgegengesetzte, nämlich das Christen= mädchen bedeutet. Der Christ vernahm vom Hebräer diese Benennung der Anhängerin des Christusglaubens und wandte sie dann seinerseits auf Mädchen jüdischer Abkunft an. Weniger verändert hat sich das ebenfalls häufig begegnende Wort Kalle, das hebr. kallah, welches in seiner Ableitung von kalal =

umgeben, bekränzen, eigentlich die Bekränzte, d. h. die Braut bezeichnet, daneben aber auch von Ehefrauen gesagt erscheint. Auch der Hebräer bekränzte die Braut, wenn sie zum Trau= altare schritt.

Ferner hat sich das hebr. schabbâth, der Tag des Auf= hörens der Arbeit, der Ruhe und der Feier, mancherlei Ent= stellung gefallen lassen müssen. Nicht genug, daß man das Wort zu Schabbes verderbte, man übertrug auch seine Bedeutung allmählich auf ganz andere Verhältnisse. Es ist Schabbes mit dem Gelde, wenn man nichts mehr zu veraus= gaben hat, und auch mit dem Tanze ist es Schabbes, wenn er zu Ende ist.

Der Sachse braucht nicht selten das Wort facken in der Bedeutung werfen, dessen Ableitung auf das nb. fak, das Fach der Scheuer, zurückgeht, in welches Stroh und Heu ge= worfen, gefackt wird und Facker sind die Arbeiter, welche die Garben in den einzelnen Fächern aufschichten[1]). Reicht dazu der bloße Arm nicht aus, so nimmt der Niederd. wohl auch zum Hochwerfen der Garben die drei= bis vierzinkige Grepe (grêpan = greifen), mit welcher er sonst den Mist auf dem Acker zerstreut und die er deshalb auch Mistgrepe nennt, oder die zweizinkige Forke, welche er dem lat. furca (engl. fork, frz. forche) entlehnt hat. Da heißt es denn wacker zugreifen und sich tüchtig abmarachen oder nb. marazen, eigentlich also im nbl. maras (= Morast, afrz. marage, nfrz. marais) mühsam sich zu schaffen machen. Und an Quesen, den nbl. qvets = Druckblasen, die dem ags. cvyssan (= quetschen, schwed. quäsa) ihren Ursprung danken, fehlt es dabei den Händen nicht. Allein was thuts? Das ist blos butwendig, wie der Niederdeutsche mit Verwendung desselben buten (aus

---

1) Dafür auch aufbansen. Die Banse ist ein Teil der Scheune, in welchem Stroh abgelagert wird. Schon der Gothe hat bansts als Scheune, und auch das altind. bhâsas = Kuhstall scheint damit verwandt.

bi-ûten = außen)¹) sagt, daß unter anderem auch in But=
jabingen, dem Lande außerhalb der Jade, zwischen ihr und
der Wesermündung, erhalten ist. Und wehe dem, der nicht
rüstig mitschafft: Der Herr ist in der Nähe, und wird dem
Betreffenden gehörig auf die Pelle rücken, d. h. eigentl. auf
die lat. pellis, das Fell, die Haut, ein Wort, das auch den
mit der Schale, gleichsam mit der Haut, gekochten Kartoffeln²)
den nd. Namen Pellkartoffeln³) verschafft hat. Der Gutsherr
hat sein Lebtag selbst wacker gearbeitet und hat es auch nur
durch rüstige, ununterbrochene Thätigkeit dahin gebracht, daß
er allmählich auf den volkstümlichen grünen Telgen
(= Zweig) gekommen ist, von dessen hohem Alter bereits das
as. telga und das mhd. telge⁴) beredtes Zeugnis ablegen.
In Mitteldeutschland würde man dafür auch den äußerst
volkstümlichen, dem Norddeutschen aber völlig unbekannten
Zanken setzen können, den ahd. cinko, welcher sich in md.
Mundart schon früh zum zanke umwandelte⁵). Weil nun
also der Herr des Gutes selbst den Nutzen angestrengter Arbeit
zu schätzen weiß, duldet er keine Lakunger (nd. = Faul=
lenzer), welche ihrer Ableitung vom ahd. lâgôn getreu, gleich=
sam träge „im Hinterhalt liegen", so zwar, daß sie dabei doch
meist auf die Schwächen und Fehler ihrer thätigeren Mit=

---

1) Vgl. engl. but.
2) Das sächs. Kasernendeutsch nennt die Kartoffeln Potacken,
deren unmittelb. Quelle das ital. petacchina ist. Vgl. übrigens engl.
potato und ital. patata, deren letztes Ausgangswort ein amerikanisches ist.
3) pellen = abschälen auch im Holländ., engl. to pell, frz.
peler. Die Magdeburger Gegend macht übrigens einen durchgehenden
Unterschied zwischen pellen und schälen, insofern als man nur gekochte
Kartoffeln pellt, rohe aber schält.
4) Vgl. griech. thalos = Zweig und thallein = grünen,
wachsen lassen.
5) Daneben hat der Mitteld. natürlich auch den Zinken. Nennt
er doch sogar in einzelnen Gegenden die Nase mit diesem Worte, be=
sonders wenn sie etwas auffallende Ausdehnung nach der Länge hin zeigt.

menschen fleißig Acht geben, um dieselben bei Gelegenheit gehörig oder vielmehr ungehörig verlästern zu können. Da darf denn freilich Niemand unnütz die Zeit verplämpern, wie man sich mit Benutzung wahrscheinlich des schweb. plampen = hin und her schwanken, ausdrückt. Weigand führt auch die mittel- und südd. Benennung eines kurzen Säbels, der Plämpe, auf jenes Stammwort zurück, der demnach ursprünglich das Mordinstrument bedeutet haben müßte, wie es an dem Waffenrocke hin und her schwankte und noch schwankt. Dieses Unbestimmte, ziellos Schwankende liegt noch stärker ausgeprägt in der Weiterbildung des Wortes zu „sich verplämpern", das in Norddeutschland = sich leichtsinnig verlieben oder verloben ist[1]), in Mittel- und Süddeutschland aber auch gemeiniglich von Liebesleuten gesagt wird, deren Umgang nicht ohne Folgen geblieben ist.

Ein in Nordd. viel begegnendes, dem Mittel- und Süddeutschen aber unbekanntes Wort ist der Schop (= Schrank), der bereits im ahd. skap (so auch schwedisch) erscheint und mit der griech. Wurzel skap = graben, aushöhlen stammverwandt ist[2]). Und wenn der nb. Volksmund von der verquollenen Thür dieses Schrankes meint, daß sie „drange zugehe", so liegt die Ableitung dieses drange von der germ. Wurzel dring, wie sie auch in dem Drange und Gedränge steckt, auf der Hand[3]).

---

1) handloft nb. = Verlobung.
2) Vgl. griech. skaphos und skaphe das Graben.
3) In demselben Sinne gebr. der Nordb. auch das Wort klam (von klemmen), das der Thüringer auch auf die Beschaffenheit der durch starke, bebbern (von beben) machende Kälte steifgefrorenen Hände anwendet. „Sich klam machen" aber, das in Nordd. = sich selten, „rar" machen, bedeutet, dankt dem lat. clam das Dasein. Neben diesem clam hat das Volk auch coram den lat. Präpositionen entlehnt, hat aber freilich die Bedeutung desselben gänzlich verändert, denn Jemanden „ad coram nehmen" heißt im Volke: ihn allein und scharf vornehmen.

Zwei der niedersten Volkssprache angehörige Worte sind **sabbern** und **qualstern**. Das kleine Kind, dessen Munde stets eine speichelartige Flüssigkeit entfließt, sabbert oder sabbelt, wie der Pommer sagt, und dem Worte liegt die germ. Wurzel sap zu Grunde, aus welcher auch unser Saft (engl. sap) hervorgegangen ist und welche urverwandt mit dem sanskr. sabar = Nektar sein dürfte¹). Der rohe Mensch aber wirft Qualstern (qualstert), wenn er in seiner Ungezogenheit die Stube mit „Austern" belegt, mit schleimartigen Auswürfen, welche schon im ags. geolster begegnen²). Lediglich norddeutsch ist die Benennung Quene für eine junge Kuh, die noch nicht gerindert hat, sie erscheint bereits im ags. quean, holl. kveen und schwed. kviga und ist, da sie nur für weibliches Vieh gebraucht wird, jedenfalls urverwandt mit dem goth. qens = Weib (engl. queen). Das Innere des Tieres, Magen, Lunge, Herz u. s. w. nennt der Niederdeutsche das Inste und hat in der Entwickelung dieses Wortes aus in-sete (= was darinnen sitzt) eine ähnliche Zusammenziehung, wie er sie in Holste und Holstein (die Holtsaten, Holsten = im Holze Sitzende, verderbt zu Holsteinern) und in Droste aus drohtsate gebildet hat. Das Eingeweide nennt man auch allgemein die Kalbaunen, und diese Benennung ist dem mittellat. calduna entflossen, welches seinerseits wieder auf die kelt. Wörter coludd = Eingeweide und coluddyn = Eingeweidestück, Darm, zurückgeht.

Nur in Norddeutschland findet sich die Benennung **Porch** für Schwein, ein Wort, das schon im ags. bearg, ahd. parch begegnet und mit dem lat. porcus stammgleich ist. Und wenn das besagte Schlachttier recht mager und lang ist, so ist es dem Niederd. ein **leges** Geschöpf, dessen Beiwort leg dem engl. lag (vgl. griech. lagaros und lat. laxus) gleich ist. Auch

---

1) Ob ebendaher das nd. sawen = langsam und fein regnen?
2) Von der Wurzel kval wohl auch die Qualle (Seetier Medusa), die ndl. auch geradezu der slymvisch (= Schleimfisch) heißt.

gesteigert wird dieses Wort und je leger de hund, je mer flöe (zu ergänzen het hei) ist in Norddeutschland ein ganz geläufiges Sprichwort.

Zum Schlusse noch zwei Worte aus dem Kindermunde. Ein nicht immer ungefährliches Lieblingsspiel der Knaben ist das Werfen mit der Schlappschlauder, der Schleuder, welche beim Wurfe durch die Luft geschlagen wird und deren Grundwort slap = schlagen (engl. slap) auch in der Schlappe = Schlag erscheint. Noch in älterem Neuhochdeutsch finden wir diese Schlappe auch als Backenstreich (ital. schiaffo daher abgel.) und in der heutigen Schriftsprache als Verlust und Niederlage. Nicht minder als die Schleuder liebt der Knabe seinen Flitzbogen (gesp. auch Flitzenbogen), welcher in der Ableitung seines ersten Bestandteils, des ndl. flits = Wurf= spieß, den Bogen bezeichnet, von dessen Sehne der Bolzen oder Pfeil gleichsam wurfspießartig abgeworfen wird.

Wörterverzeichnis.

A.

abmarachen sich 115.
absocken 101.
absolvieren 54.
Abebar 90.
all 56.
alle 56.
allebot 38.
alleweile 73.
ande 23.
angschwitt 59.
ankassen 98.
anschnobbern 43.
apart 96.
Arpaul 96.
Är 44.
Ast 27.
aufbansen 115.
aufstiepeln 34.
austen 92.
ausmären 10.

B.

backnbern 101.
Bagage 56.
Baias 100.
bammeln 103.
Bammelage 57.
bampeln, Bampelbein 103.
banig 6.
bärig 33.
Banse 115.
barmen 78.
Baselunche 45.
Basseltang 18.
Baste 37.
bat' (baten) 104.
batzig 33.
baumeln 103.
bebbern 117.
beginnen seiner, sich 35.
behaben sich 71.
beißen 72.
belämmern 63. 67.
beniemen 46.
berappen 85. 86.
bet 37.
bethun 67.
beuten 104.
Biermärbe 10.
Bihaspel 97.
Bijak 46.
Bindfaden regnen 58.
biruschen 84.
bisaken 86.
Blamage 57.
blechen 86.
blicherig 71.
blümerant 20.
bölken 85.
Bonnise 47.
bören 90.
Boß't 84.
Botterswarbe 98.
Bovies 86.
Bram 46.
Bräsche 44.
bräschen 49.
Bräsewenbel 49.
Bratenrock 46.

Bregen 76.
Bregenschülpen 76.
bregenklieterich 76.
Breme 70.
brenzlich 21.
Brinksitzer 91.
brozen 44.
Bubenfist 86.
Budel 85.
büßen 104.
Bulle 85.
Bullerkule 81.
bullern 82.
Bullerloch 82.
buseratze 48.
busseln, Busselchen 86.
busseltante 18.
butwendig 115.
Buzemann 38.

C siehe K.

D.

Dachtel 70.
Dämel, damlich 13.
dämisch (damisch) 13.
dalli 6.
dalwärts 88.
Dasen 70.
Dätzen 26.
debbeln (dewweln) 113.
deftig 64.
derweile 78.
Detz 26.
Dobbelkiepe 98.
drab 93.
drange 117.
draschen 58.
drehe 114.
dröwisch 37.
drüppeln 102.
Duft 70.
dummmärig (dummmirig) 10.
Dunzel 9.
Dusel, buselig, buseln, büsig, bösig 80. 81.
Düskopp 81.

E.

Ebe 37.
einkulen 81.
eitel 55.
elewarken 108.
elitz'g 3.
Emmer 90.
Enke 97.
ernte 74.
Esse 20.
etepetete 40.

F.

fackeln 73.
facken 115.
Faselinche 45.
fatzen, Fatzke, Fatzkerl 1.
Faxen 32.
fenstern 112.
Fensterrute 85.
f. s. 73.
Ficke 110.
fichen 41.
fisseln 102.
fitscheln 8.
flämisch 13.
Flitzbogen 119.
flöten gehen 54.
Flunsch 87.
förkötsch 85.
Forke 115.
forsch, Forsche 13.
Fosen 37.
Fresse 27.
fuchsen 111.
fuchseln 111.
fuchsschwänzen 111.
Funzel 58.
futsch 8.
jutschen 8.
Futterage 57.

G.

gälgen 11.
gämeln, Gämelhans 12.
Gäppsche 99.

gären (garen, ghären) 11.
Gahde 11.
Gaikel 58.
Gaischpe 99.
Galgenschwengel 87.
Gamaschen 82.
Gammel 13.
gätlich 84.
Gefitsche 8.
geil und gahre 51.
gel, Gelingchen 28.
gelle, gelt 71.
geschlagener Tag 109.
Gewende 70.
giepern 37.
Gnade 31.
Göhre 73.
gokeln 58.
Göppsche 99.
Gör 77.
grappschen 104.
Grat 84.
grätig 84.
grelling 102.
Grepe 115.
grinen, grinsen 62. 63.
Großmogel 45.
Großprot 44.
Gusche, Gosche, Göschli 26.

H.

Hackich, hackschen 99.
haben sich 71.
Häftelmacher 19.
Hänebalken 64.
Hänebüchen 64.
Hämling 55.
Handing 99.
Handloft 117.
Häppchen 113.
hartlich 84.
Heb 79.
Heilebart 89.
heint 70.
heire 70.
Hemsenfänger 108.
hennig 71.
herummären 10.

herumstorgen 25.
hild 90.
hinte 70.
Hinterschur 112.
höckern 63.
Hotzel (Hutzel) 101.
hujahnen 105.
Hundebuttchen 4.
Hundsfot 4.
Hundsloben 3.
Husche 95.

I.

ichtens, ichtenswo 52.
Inste 118.
irritiren 65.

J.

jachern, jachtern 77.
jächen, Jäche 78.
Japper, jappen 37.
Jast 78.
Jok 58.
Jux 58.

C und K.

kabuk 54.
kaffen 98.
Kaffer 97. 98.
Kästerchen, Kisterchen 46.
Kaldaunen 118.
Kalle 114.
kalvinsch 114.
kampeln 113.
Kanthaken 88.
kapores 21.
kaput, kapenieren, Kaputöl 21. 22.
karjolen 59.
Karline 36.
Karrete 59.
Kaule 81.
kawweln 113.
Keiterling 93.
Kekelmatz, kekeln 58.
Kenzelie 88.

Kieker 80.
kieken 80.
kiesäte 16.
kiesekrätsch 16.
kieterbieten 93.
Kijak 73.
Kinkerlitzchen 32.
kitnäsig 44.
Kitze, kitzegrau 28.
klabastern 70.
klam 117.
klatrig, Klatern 87.
Klebage 57.
Kleiberköst 86.
Klike, Klinke 77.
klitschermadennaß 108.
Kloß, kloßen 71. 79.
Klump 79.
Kluns 79.
Klunte 31.
Klutentreter, — pedder 71.
knackschälig, Knackstiefel 103.
knifflich 83.
knille 71.
knollig 71.
Knote 69.
knussen 83.
knurklig 83.
Knust 49.
kochlebergahr 108.
kokeln 58.
Konfischen 53.
Königsschur 112.
kopfkeleln 58.
koram 117.
koscher 42.
Köther 91.
kötze 28.
Krabaten 22.
Krabbe 61.
Kracke 73.
krägel 83.
kräwisch 83.
Krakeel 83.
Krambol 83.
Krawall 83.
Krautbed 79.
Krempel 39.
Kribbel, kribbeln 98.

kricklich 88.
Krips 84.
Kröpel 96.
Kropzeug 87.
kruperig 87.
Kujon, kujonieren 52.
Kule 81. 99.
kullern, Kullerschößchen 99.
kunterbunt 94.
Küwekenschnute 77.

L.

Lachs 39.
Labbe 27. 29.
labbern 27.
Labbetitsch 28.
Lakunger 116.
lappen 29.
lappe 30.
lappig 30.
Lappsack 30.
läppern 30.
lätsch 51.
Latschen 84.
läunsch 104.
Lausepoker 109.
leg 118.
Leich 76.
leifmäuig 107.
lickmünnig 30.
Linschen 113.
lipperläppsch 30.
lumig 71.
lünen 104.
Lork 61.
Lorke 61.
Lott'ch 80.
lünsch 104.
Lunte 19.
lupen 112.
Lüttchen 60.

M.

mackeln 34.
Märde 10.
mären, Märlieb, Märpeter 10.

man 71.
manefaken 38.
mang 42.
Manschetten 82.
marachen 115.
Marusche 60.
Marwel 99.
Matzens Hoch'zt 5.
mausig 58.
Meerwunder 27.
meiern 91.
Melm, Melmebe 21.
Menkenke 42.
meschucke 51.
mics 33.
miesepieprich 35.
Miete 81.
Migsmelen 96.
mißquäme 45.
Mist 96.
Mistkiete 96.
mitdewil 78.
Modder 103.
mobbrig, mobbern 102. 103.
moeten 74.
mogeln 41.
Moite 74.
Molber, molbrig 21.
Molle 58.
Motterei 11.
mudschen 67.
mudblig 103.
mulmig 21.
Multumjacke 46.
Murke 22.
Murmel, murmeln 99.
Muschen 22.

N.

Näbchen 89.
Nackser 74.
nälen, Nälpeter 85.
necht 110.
nechten Abend 110.
nêren 74.
Nestpubbel 99.
Nete (Nette) 109.
Nichtendocht 86.
niederträchtig 74.
Niß'ch 109.
Nuschel 27.

O.

Ötel 43.

P.

Package 56.
Pabbe 61.
Pansch 27.
passen 17.
Paßmann 17.
paß' Achtchen 87.
Paster 37.
Patsch, patschen, Patschhand 90.
Peddel 63.
Pelle, pellen 116.
Pepo 87.
Phisemathentchen 19.
piplings 77.
Pips 59.
placken 95.
Plämpe 117.
Plautze 26.
pleite 54.
Pli 47.
Pogge 61.
Poggenstaul 62.
Pok 109.
Porch 118.
Potacken 116.
Pott 88.
Pracher, prachern, pracherig 24.
Prä 44.
Prager 24.
prampieren 104.
Prat 45.
Preis 91.
Prekabemussen 24.
pricken 80.
prottig 44.
Protz 44.

Q.

quälen 77.
qualstern 118.
quängeln 87.
quant 94.

quasen 49.
quaseln 33.
Quatsch 33.
Quebel, Quehel 96. 97.
querlätsch 51.
Quesen 115.
Quene 118.
Quieksser 37.
Quiste 50.

R.

Rabau 86.
Rädchen 89.
ragolen, regolen 59.
Ramsch 38.
Range 106.
Rank 106.
Rankkorn 106.
Ratz 48. 51.
ratzekahl 51.
rauchmutzen 58.
Regatt 33.
renblich 103.
reppeltänig 97.
riwensnütig 97.
rosch 84.
rohren 85.
Rüpel 66.
Rummel 18.
Ruschemusche 41.
Rute 85.

S.

sabbern 118.
sacken 72.
Salm 19.
Salsene 59.
Sänkel 37.
sänkeln, Sänkelton 37. 38.
sappen 59.
Sausterbe 105.
sawen 118.
Schabbes 115.
schanzen 107.
schaffen 87.
schauer 112.
Schelle 70.
Schenkage 57.
schicker 113.

Schicksel 114.
schier 55.
schlachten 100.
Schlaffittchen 33.
schlappern 95.
Schlapps 95.
Schlappschlauber 119.
schleze 67.
Schlippe 34.
schlohweiß, schlotweiß 97.
Schlump, schlumpen 31. 32.
schmabbern 100.
schmul 43.
Schmus 43.
schnacken, Schnack 48.
schnobberig 43.
schnuppe 43. 44.
schofel 55.
Schop 117.
Schubbejack 55.
schuften 107.
schuppen 83.
Schur 111.
schwalchen 95.
schwanen, Schwansfedern tr. 41. 42.
schwapp, schwappern 76.
schwarz 37.
schweimlich 62.
Schwein 39.
Schwiemel 62.
Schwiete, Schwietje 60.
Schwimmer 24.
schwippe 76.
Schwulitäten 24.
schwupptig 76.
Segerleinen 58.
Selbe 109.
Sellhaus 108.
sent 72.
Siel 72.
Simpel 46.
simulieren 43.
Sippschaft 56.
Socken 101.
spachteln 79.
spak, spach 79.
Spendage 57.
Sperrenzien 113.
stänzen 87.

stantepe 58.
Stäpke 110.
Stäppchen 110.
Stellage 57.
stibitzen 111.
stickl 42.
stiepeln 34.
storgen, Storger 25.
Strakat 43.
Strambach 69.
Strit 84.
Strom 79.
Stromer 23.
sühlen 65.
Sums 32.
Sustarwe 105.
swart 95.

T.

Tache 66.
tämlich 13.
täuw 90.
Telgen 116.
Teve (Tiffe) 66.
Theke 94.
Tik 46.
Timpen 81.
Tocke 47.
Tolle 83.
Tolter 70.
toltern 60.
Torkel (Turkel) 80.
torkeln (turkeln) 80.
Tort und Dampf 53.
tortewieren 53.
torwieren 53.
trecken 63.
trefe 65.
Tresem 93.
trevellieren 105.
trippeln 102.
trödeln 79.
Trubel 83.
tüfteln 80.
twernäglich 113.

U.

ungeneisen 100.
unterkithig 50.
unterweile 78.

V.

Vängtiener 17.
veninsch 102.
verdunzeln 9.
vergämeln 12.
vergeben 102.
verhotzeln 101.
verkietern 93.
verknusen 49.
verläppern 30.
vermißquämt 45.
vernuz 48.
verplämpern sich 117.
verquasen 49.
verquisten 50.
versuitchen, versuitchesieren 60.
Vorderschur 112.

W.

Wache raus! 111.
Wagenschauer 112.
Wampe 89.
wamsen 89.
wanneher 103.
wapp 75.
Wäsche 97.
Weisenmühle 75.
Wiem 103. 104.
wilbeß 78.
wipp 75.
wippen 75.
Wippchen 75.
Wonnepot 109.
wißplich 97.
wupp, wupptig 75.

Z.

zachbeitelig 76.
Zahnbrecher 59.
Zanken 116.
zent 72.
Zinken 116.
zund 77.
zusammenläppern 30.
Zwächeli 97.